다 함께 놀자
그림놀이터

다 함께 놀자 그림놀이터

초판 1쇄 발행 2019년 4월 5일
초판 3쇄 발행 2021년 2월 1일

지은이 | 참쌤스쿨 그림놀이터

발행인 김병주
COO 이기택
CMO 임종훈
뉴비즈팀 백헌탁, 이문주, 김태선, 백설
행복한연수원 이종균, 박세원, 이보름, 반성현, 남기연, 고요한
에듀니티교육연구소 조지연
경영지원 한종선, 박란희
출판팀 이하영, 신은정, 최진영, 김준섭

펴낸 곳 | (주)에듀니티(www.eduniety.net)
도서문의 | 070-4342-6110
일원화 구입처 | 031-407-6368 (주)태양서적
등록 | 2009년 1월 6일 제300-2011-51호
주소 | 서울특별시 종로구 인사동 5길 29, 태화빌딩 9층

ISBN 979-11-6425-020-2 (13370)
값 17,000원

일러두기
교과 연계는 중요한 과목순으로 나열했습니다. 또한 교과 연계가 두 과목 이상일 경우에는(전과목 제외) 제목 아래 수업 진행 요약 막대에 가장 밀접한 과목 두 가지만 넣었습니다.

연필과 종이 한 장으로 만드는 즐거운 교실

다 함께 놀자 그림놀이터

참쌤스쿨 그림놀이터 지음

에듀니티

추천사

이재정 교육감(경기도교육감)
김병우 교육감(충청북도교육감)
허승환 선생님(서울강일초 교사)
김무광 선생님(인디스쿨 대표)

이 책에 소개된 그림놀이는 놀이의 준비과정이나 규칙은 간단하면서도 그 속에서 친구들과 어울리며 다양하고 즐거운 경험을 할 수 있다는 장점을 가지고 있습니다. 또한 학생들에게 협동, 창작, 자기표현, 학습 등의 다양한 기회를 함께 제공해줄 수 있습니다. 이 그림놀이를 개발하신 참쌤스쿨 선생님들의 열정에 박수를 보내며 학생들이 그림놀이로써 자신의 꿈을 그려나가기를 기대합니다.

_____ 이재정, 경기도교육감

참쌤스쿨 선생님들이 학생들과 함께 즐길 수 있는 아기자기한 '그림놀이'들을 모아 엮은 이 책은, '놀이교육'과 '교육적 놀이'에 관심 있는 선생님들의 필독서가 될 만합니다. 우리 충북에 전국 최초로 설립예정인 '놀이교육지원센터'에서도 가장 많이 소개되고, 선생님들 사이에 화제로 오르는 교본이 될 듯합니다.

_____ 김병우, 충청북도교육감

모든 사람은 그림 그리기를 좋아하게 태어났지만 차츰 그림과 멀어집니다. 이 책은 어린 시절에 친구들과 나눴을 법한 그림놀이를 한 장면 한 장면 모두 그림으로 담았고, 그래서 놀이 방법을 이해하기도 쉬웠습니다. 그림놀이라는 생소한 영역을 21분의 선생님이 함께 개척한 점에서도, 수많은 교실에서 잊혀진 그림 그리기의 즐거움을 다시 일깨울 수 있는 강력한 놀이 책이라는 점에서도 감동입니다!

──── 허승환, 서울강일초 교사, 『허쌤의 수업놀이』 저자

우리나라 최고의 학교 밖 전문적학습공동체인 참쌤스쿨 선생님들은 그림을 통해 학생들과 소통하고 즐거운 수업을 만들고자 다양한 노력을 해왔습니다. 그 결과의 일환으로 지금까지 교실에서 학생들과 함께한 그림놀이 수업 경험과 노하우를 잘 정리하여 현장 교사들에게 꼭 필요한 책이 나왔습니다. 그림놀이를 수업에 접목하여 재미있는 수업 행복한 교실이 되기를 바랍니다.

──── 김무광, 초등교사커뮤니티 인디스쿨 대표

우리는 모두
그림 그리고 놀이하도록 태어났습니다

아이들은 그림을 좋아합니다

루돌프 아른하임(Rudolf Arnheim, 1904~2007)은 『시각적 사고: 미술의 인지심리학적 기초(1979)』에서 사람들은 무엇인가를 생각하거나 구상할 때 이미지의 형태로 떠올린다고 말했습니다. 대상을 직접 보고 만지고 이리저리 조작하면서, 또는 마음에 떠오르는 시각적 이미지를 조작하면서 구체적으로 표현하고 사고합니다. 책상 정리 전에 잡동사니를 어디에 배치하고 정리할지, 어떤 길로 가야 집에 빨리 갈지 자연스럽게 이미지로 떠올리는 것과 같은 현상입니다.

정보 전달에 이미지를 사용하는 것은 인류가 태어날 때부터 사용한 가장 기본적이고 자연스러운 방식입니다. 아이들에게 처음 글자나 숫자를 가르칠 때 커다란 그림카드를 보여주는 것도 같은 이유입니다. 평소 아무리 읽어도 잘 이해할 수 없던 어려운 개념이라도 그림을 보고 단번에 이해한 경험이 있을 것입니다. 이미지를 활용하면 정보 전달뿐만 아니라 다른 사람과의 공감대 형성, 장기기억 형성은 물론이고, 추상적인 아이디어나 복잡한 내용을 정리할 때도 도움이 됩니다.

아이들은 그림을 좋아합니다. 그림을 보는 것도 좋아하고 그리는 것도 좋아합니다. 4~5살 된 아이들에게 종이와 펜을 주면 무엇이든 신나게 그립니다. 물론 주제를 정확하게 표현하지 못하는 경우가 많지만, 이에 상관없이 즐겁게 그립니다. 그림이 정보를 전달하고 표현하는 데 익숙하고 직관적인 방법이기 때문입니다. 본능적으로 그림놀이를 하는 셈이지요.

하지만 초등학교에만 들어가면 아이들은 소수의 그림을 잘 그리는 아이들과 다수의 관심 없는 아이들로 나뉩니다. 이미지로 떠오른 생각이나 개념을 텍스트로 변환시키도록 철저하게 훈련받기 때문입니다. 이 훈련을 거치며 아이들은 무엇이든 점차 텍스트 중심으로 표현하게 됩니다. 또한, 그림을 '평가'받기 시작하면서 대부분은 그림 그리는 것을 부담스러워하게 되고, 점차 그림에서 멀어지게 됩니다. 모든 사람은 그림 그리는 것을 좋아하게 태어났지만 이런 식으로 차츰 그림과 멀어집니다.

놀이는 자발성에서 시작됩니다

호모 루덴스(Homo Ludens)는 '놀이하는 인간'이라는 뜻입니다. 네덜란드의 위대한 역사가이자 철학자인 호이징가(J. Huizinga, 1872~1945)가 쓴 책의 제목이기도 합니다. 호이징가는 인간의 본성을 '놀이'에서 찾았습니다.

혹시 『톰 소여의 모험』이라는 책을 읽어보셨나요? 1876년 출간된 『톰 소여의 모험』은 8년 뒤 1884년에 출간한 『허클베리 핀의 모험』과 함께 마크 트웨인의 대표작으로 꼽힙니다. 책 내용 중에, 개구쟁이 톰이 담벼락 페인트칠을 하는 장면이 나옵니다. 폴리 이모는 놀기 좋아하는 톰에게 "담벼락에 페인트칠을 다하기 전엔 절대로 놀러 나가지 말라"는 특명을 내립니다. 괴롭게 벽을 칠하는 톰에게 친구 벤이 다가오면서 우리는 놀러갈 거라며 약 올립니다. 그런데 톰은 의연하게 대답합니다.

"나는 놀이를 하고 있어! 아이들한테 담장에 페인트 칠할 기회가 어디 날마다 있는 줄 아니?"

이 말에, 톰이 괴롭게 해야 하는 페인트칠이 벤의 눈에 '즐거운 놀이'로 보이기 시작했습니다. 결국, 벤이 톰의 허락을 받아 페인트칠, 아니 '페인트 놀이'를 하는 걸 보고 온 동네 아이들이 몰려들죠.

소설 속 이야기일 뿐이라고요? 실제로도 가능한 이야기입니다. 인간은 놀이하게끔 태어났으니까요. 아이들은 같은 행위라도 그 행위가 놀이라고 느낄 때 놀라운 집중력과 새로운 창조성, 그리고 자발성을 발휘합니다. 호이징가는 말했습니다.

"무엇보다 중요한 것은 모든 놀이가 자발적인 행위라는 점이다. 명령에 따른 놀이는 이미 놀이가 아니다. 기껏해야 놀이의 억지 흉내일 뿐이다. 자유라는 본질에 의해서만 놀이는 자연의 진행 과정과 구분된다."

그림놀이로 집중력과 창의력을 일깨워주세요

이 책에서 사용하는 그림은 우리가 일반적으로 알고 있는 미술 시간에 보는 그림과는 다릅니다. 간단히 생각해 '글씨'를 떠올리면 됩니다. 글씨를 쓸 때 물론 예쁘게 쓰면 좋겠지만 그보다는 담으려는 '내용'이 더 중요합니다. 그림도 마찬가지입니다. 그림 자체로 평가받지 않기 때문에 최소한의 표현 능력만 있으면 누구나 참여할 수 있습니다. 또한, 놀이의 형식으로 활동하기 때문에 아이들이 부담 없이 자발적으로 참여합니다.

이 책은 현재 전국 각지의 초등학교에서 아이들을 가르치고 있는 참쌤스쿨 선생님 21명이 놀이를 만들고, 직접 교실에서 적용하여 정선한 놀이 50개를 담고 있습니다. 특히 경쟁, 창의, 추리, 친교, 협동 등 수업시간에 활용하는 요소에 놀이를 접목했습니다. 각각의 그림놀이가 단순한 활동이나 유희로 끝나지 않고 수업과 학급운영에 적용할 수 있도록 했고, 무엇보다 놀이와 교과를 연계해 '놀이의 목적'을 이룰 수 있도록 구성했습니다.

　학교 현장에서 아이들이 가장 집중하고 창의적으로 생각할 때는 바로 '놀이'할 때입니다. 아이들은 자발적으로 즐겁게 하는 일에 자신이 가진 모든 집중력과 창의력을 쏟아붓습니다. 이런 의미에서 새로운 영역을 개척하고, 놀라운 성과를 낸 사람들이 한결같이 즐기면서 일했다고 이야기하는 것은 빈말이 아니지 싶습니다. 이 그림놀이를 통해 아이들이 그림 그리는 즐거움을 다시 느끼고, 집중력과 창의력을 한껏 발휘하면 좋겠습니다.

📔 차례

CHAPTER 1　경쟁

CHAPTER 2 창의

CHAPTER 4

친교

CHAPTER 5 협동

CHAPTER 1.

경쟁

'경쟁은 나쁘다?' 선생님은 어떻게 생각하시나요? 적절한 규칙과 환경이 조성되지 않은 상태에서 일어나는 경쟁은 상대방을 무너뜨리고 이기기 위해 일방적으로 공격하는 형태를 띱니다. 이와 같은 경쟁은 대부분 바람직하지 않습니다. 반면 적절한 규칙과 환경이 조성된 상태에서의 경쟁은 긴장감과 성취감, 다음에는 더 잘해야겠다는 동기를 유발해 목표 달성의 효율성을 높입니다.

또한, 경쟁 과정에서 즐거움을 느끼기도 합니다. 아이들이 좋아하는 스마트폰이나 컴퓨터 게임에는 경쟁 요소가 많습니다. 이러한 경쟁 요소는 아이들을 게임에 몰입하게 만듭니다. 그렇기에 경쟁을 부정적으로 생각하고 배척하기보다는 어떻게 효과적으로 사용할 수 있을지를 고민할 필요가 있습니다.

초등 교육에서도 경쟁은 중요한 요소로 자리 잡았습니다. 특히 체육 교과에는 경쟁 영역이 중요한 한 부분을 차지합니다. 학습 내용을 정리하기 위해 자주 사용하는 골든벨, 모둠별 놀이, 짝놀이 대부분이 경쟁 활동입니다. 심지어 흔히 사용하는 가위바위보마저도 경쟁에 기반한 활동이라고 할 수 있습니다.

그렇다면 경쟁의 긍정적인 면을 잘 살리기 위해서는 어떤 방법으로 규칙을 만들고 환경을 조성해야 할까요? 가장 쉬운 방법은 경쟁을 하되, 개인의 능력보다 운이나 상황이 중요한 활동을 하는 것입니다. 달리기를 잘하는 친구가 많은 팀과 달리기가 느린 친구가 많은 팀이 술래잡기를 한다면 당연히 달리기를 잘하는 팀이 유리할 것입니다. 그러면 달리기가 느린 팀은 그 활동 자체를 꺼리게 되겠죠.

그런데 같은 방식으로 팀을 나누더라도 모두가 안대를 착용하고 교실에서

술래잡기를 하면 어떨까요? 달리기 실력보다는 감각과 운이 게임의 중요한 요소로 거듭날 것입니다. 즉, 수업 중에 경쟁을 활용하기 위해서는 학생들의 상황을 파악하고 그 학급에 맞게 효율적으로 적용하는 것이 가장 중요합니다. 그리고 이는 경쟁형 그림놀이에서도 매우 중요합니다.

이 챕터에서는 선생님들이 학생들과 경쟁의 순기능을 살려 즐겁게 놀 수 있는 그림놀이를 준비했습니다. 그림 실력보다도 모둠원간의 협동심과 순발력, 그리고 적절한 센스가 중요한 놀이들로 가득 채웠습니다. 우리 아이들과 즐겁게 그림놀이를 하고 나면 분명 '선생님 다음에 또 해요!'라는 말을 들으실 것입니다. 이 그림놀이를 통해 선생님의 반 아이들이 한껏 더 행복해지기를 소망합니다.

01

행운을 빌어요

#개념정리 #비주얼씽킹 #추첨 #행운

 고학년　 단체　 전과목　 20분　 준비물 종이, 연필

놀이
설명
단원학습 후 중요한 개념을 그리고, 추첨을 통해 중요한 개념을 친구들과 공유하며 정리하는 놀이

교과
연계
 전체교과: 단원 정리

방법 규칙

경쟁

1 선생님이 주제 또는 단원을 제시합니다. (고려시대 문화재, 다양한 직업, 교실에 있는 물건, 단원 등)

2 학생들은 브레인스토밍을 하면서 생각나는 개념을 발표합니다.

3 선생님은 칠판에 중요한 개념을 정리합니다.

4 학생들은 칠판에 적힌 개념 중 5개를 골라 그림으로 표현한 뒤 번호를 표기합니다.

5 그림이 완성되면 짝과 종이를 바꿉니다.

6 선생님은 학생들이 발표한 개념들을 임의로 골라 칠판에 적습니다.

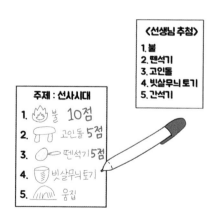

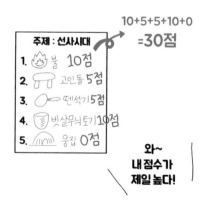

7 선생님이 불러준 개념이 그린 것들 중에 있으면 각 5점, 순서까지 같으면 각 10점입니다.

8 총점이 높은 사람이 우승입니다.

 **예시** **4학년 활동**

주제 : 여러가지 도형 **25점**

① ▢ 사각형 10
② △ 삼각형 0 ⟨10⟩
③ ▱ 사다리꼴 5 ⟨15⟩
④ ▱ 평행사변형 10 ⟨25⟩
⑤ ◇ 마름모 0

주제 : 공공기관 **35점**

1 학교 10
2 우체국 5
3 보건소 5
4 소방서 10
5 경찰서 5

놀이 장점
❶ 추첨을 통해 채점해 공부 실력과 상관없이 그리고 학생들이 부담 없이 참여할 수 있습니다.

❷ 단원에서 배운 중요한 내용을 그림을 통해 즐겁게 복습할 수 있습니다.

톡톡 활용법
개념을 정확하게 정리하기 위해 짝과 서로 개념을 설명하는 단계를 더해 보너스 점수를 줄 수 있습니다.

 Tip
중요한 개념을 떠올릴 수 있도록 선생님도 중요한 개념 위주로 추첨하는 것이 좋습니다. 놀이가 익숙해지면 학생들이 단어를 추첨해도 좋습니다.

 **선생님 후기**
학생들이 학습 내용을 쉽고 재미있게 정리할 수 있었습니다. 특히 평소에 공부를 어려워하는 학생들도 즐겁게 수업에 참여하는 모습이 인상적이었습니다.

물레방아 그림

#추리 #창의력 #상상력 #연관성 찾기

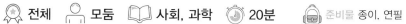 전체 모둠 사회, 과학 20분 준비물 종이, 연필

 놀이 설명
물레방아가 돌아가듯, 모둠원끼리 정한 순서로 단어 설명 그림을 그리고 빨리 맞혀 점수를 획득하는 놀이

 교과 연계
📚 사회·📕 과학: 단원 정리

방법 규칙

1 모둠에서 순서를 정합니다.

2 각 모둠의 1번 학생은 눈을 감습니다.

3 선생님은 단어를 제시하고 2, 3, 4번
학생들은 무엇을 그릴지 생각합니다.

4 2번 학생은 그림을 그리고 1번 학생
에게 보여줍니다.

5 1번 학생은 단어 맞히기에 도전합니다. (1번 학생 이외에는 침묵을 유지합니다.)

6 만약 2번 학생의 그림을 보고 한번에 단어를 맞히지 못하면, 추가로 3번 학생이 그린 그림을 1번 학생에게 보여줍니다.

7 1명의 그림을 보고 맞히면 3점, 2명의 그림을 보고 맞히면 2점, 세 명의 그림을 보고 맞히면 1점을 획득합니다.

8 다음 순서에서는 2번이 눈을 감고 단어를 맞히는 역할을 수행하며 3, 4, 1번 학생들이 그림을 그려 순서대로 그림 힌트를 공개하며 게임을 이어갑니다.

 **4학년 작품**

**놀이
장점**
❶ 학생들이 학습 내용에 흥미를 가지며 복습할 수 있습니다.
❷ 하나의 주제어와 관련된 다양한 개념을 떠올릴 수 있습니다.

**톡톡
활용법**
그림 그리는 3명의 학생이 같은 그림을 그릴 수 있으나 그림의 형태가 다르기 때문에 제한하지 않습니다.

Tip
맞히는 학생이 제한 시간 동안 답할 수 있는 횟수를 정해 난이도 조절을 할 수 있습니다.

선생님 후기
그림으로 개념을 설명하기 위해서는 내용을 정확하게 이해하고 있어야 하기 때문에 학생들이 시키지 않아도 스스로 공부하는 모습을 발견할 수 있었습니다.

그림으로 말해요

#속담 #사자성어 #전달놀이

 중학년   모둠   국어   ⏱ 10~15분   🎒 준비물 종이, 연필

 놀이 설명

속담, 사자성어, 명언 등의 어려운 문장을 그림으로 표현하여 맞히는 전달 놀이

 교과 연계

📖 **국어:** 관용 표현

방법 규칙

한 줄로 서자!

1 모둠별로 순서를 정해 1줄로 섭니다.

앞 뒤

2 첫 번째 학생은 앞을 보고, 나머지 학생들은 뒤돌아섭니다.

낮말은 새가 듣고 밤말은 쥐가 듣는다!

3 첫 번째 학생은 주어진 문장을 읽고 30초 안에 그림으로 표현합니다.

4 첫 번째 학생은 뒤돌아 있는 두 번째 학생을 돌려세워 그림을 보여줍니다. (이때, 말이나 표정, 몸짓을 사용하지 않습니다.)

5 두 번째 학생은 답을 추측하고, 또 다른 빈 종이에 30초 내로 그림을 그립니다.

6 이와 같은 방법으로 놀이를 반복합니다.

7 마지막 학생은 앞 학생의 그림을 보고 어떤 문장일지 맞힙니다.

8 핵심 단어 하나당 1점을 받습니다.

 **4학년 작품**

놀이 장점
① 학생들이 어려워하는 속담, 사자성어, 관용 표현을 놀이로 재미있게 학습할 수 있습니다.

② 서로 그린 그림을 공유하며 의사소통능력을 신장시킬 수 있습니다.

톡톡 활용법
속담, 사자성어의 뜻을 맞히면 추가 점수를 줘도 좋습니다.

 Tip
① 핵심 단어는 밑줄이나 동그라미 등으로 표시하여 제시합니다.

② 문장 대신에 단어만 제시하거나 제한 시간을 조절하여 난이도 조절이 가능합니다.

 **선생님 후기**
속담이나 사자성어는 평소에 학생들이 굉장히 어려워하는데 상징 그림으로 핵심을 전달하니 학생들이 다양한 관용 표현을 쉽게 외우는 모습을 보였습니다.

04

순서대로 연결해

🏅 전체　👤 짝　📖 창·체, 수학　⏱ 10분　🎒 준비물 종이, 연필

놀이 설명　자투리 시간을 활용할 수 있는 선긋기 놀이

교과 연계
📗 **창·체(자율활동)**: 친해지기
📘 **수학**: 수 개념(50까지의 수)

방법 규칙

1 각자 종이에 점 20개를 그립니다. (점은 너무 작지 않게, 멀리 있는 선생님도 볼 수 있게 그립니다.)

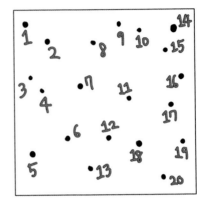

2 시작 소리와 함께 제한 시간 동안 점 옆에 1~20번까지 번호를 붙입니다. (제한 시간이 지나면 쓴 번호까지만 두고 손을 떼야 합니다.)

놀이판을 바꾸자!

3 자신이 만든 놀이판을 짝과 함께 바꿉니다.

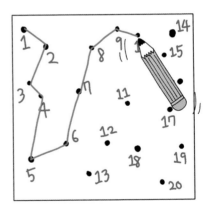

4 1번부터 20번까지의 점을 순서대로 연결합니다. (끊어지거나 안 지난 점이 있으면 감점됩니다.)

5 먼저 순서대로 선긋기가 완성된 학생은 손 머리를 합니다.

6 선생님은 먼저 선긋기를 완성한 순서대로 속도 점수를 줍니다.

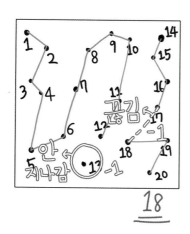

7 짝과 놀이판을 다시 바꾸고, 정확도 점수를 채점합니다. (만점 20점에서 끊긴 부분, 점을 안 지난 부분 각각 1점씩 감점)

8 총점이 높은 학생이 우승입니다.

예시 **4학년 작품**

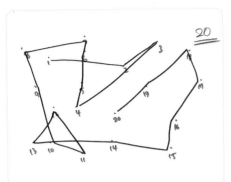
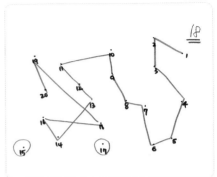

**놀이
장점**

❶ 우연한 선긋기의 결과로 다양한 작품이 탄생해 미술 감상활동으로 연결할 수 있습니다.

❷ 놀이 방법이 단순해 자투리 시간에 활용할 수 있습니다.

**톡톡
활용법**

점을 잇는 대신 별, 마름모 등 다양한 도형을 그리는 것으로 대체할 수 있습니다.

Tip

정확도를 채점할 때 애매한 경우, 짝과 함께 협의하도록 유도합니다.

선생님 후기

빠른 속도로 경쟁하는 놀이이기 때문에 학생들이 순간적으로 몰입해서 놀이에 참여하는 모습을 보이고, 승패가 우연히 결정되기 때문에 더욱 재미있어합니다.

05

내 생각 네 생각

#상징그림 #텔레파시 #일심동체 #창의력 #다양성

🏅 전체   👥 단체, 모둠   📖 전과목   ⏱️ 10~20분   🎒 준비물 종이, 연필

놀이 설명
주제어에서 연상되는 그림을 그려 나와 같거나 다르게 그린 친구를 확인하고서 점수를 얻는 놀이

교과 연계
📕 **전체교과**: 단원 도입 및 정리
📗 **국어**: 다양한 관점   📕 **미술**: 상징 그림

방법 규칙

1 모둠당 6~8명으로 구성합니다.

2 선생님은 주제어를 제시합니다. (시계, 달력, 학용품, 주방도구 등)

3 제한 시간 동안 학생들은 각자 연상 되는 것을 그림으로 그립니다.

4 이때, 서로의 그림을 절대 보지 않도 록 합니다.

5 제한 시간이 지난 후 각자의 그림을 공개합니다.

6 나와 같거나 비슷한 그림을 그린 학생끼리 무리 짓습니다.

7 나와 같은 그림을 그린 학생의 수만큼 점수를 얻습니다. 같은 그림을 그린 학생이 없는 경우 1점을 얻습니다.

	1	2	3	…	10
김보미	3	4	3		5
이진주	2	6	2		2
최희준	2	3	2		3
서지영	4	2	0		2

총 점수를 더하니 내가 제일 높다!

8 10라운드를 마친 후 가장 높은 점수를 얻은 학생이 승리합니다.

 **예시** 4학년 작품

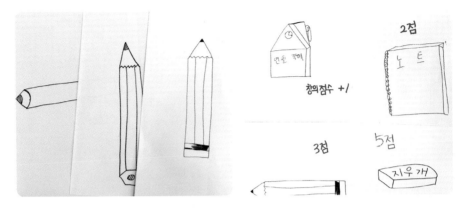

놀이 장점
❶ 간단한 그림으로 단원에서 학습한 내용을 상기할 수 있습니다.
❷ 추상적인 주제로 놀이를 진행할 경우 여러 상징 그림을 학습할 수 있습니다.

톡톡 활용법
다른 친구와 겹치지 않는 창의적인 그림을 그린 학생에게 더 높은 점수를 줄 수도 있습니다.

 Tip
종류가 다양하거나(벽시계, 손목시계, 디지털시계 등) 여러 개념을 포함하는 주제(학용품, 주방용품, 악기 등)를 제시하는 것이 좋습니다.

 **선생님 후기**
간단한 놀이이기 때문에 학생들이 직접 진행할 수 있습니다. 또한 학습한 내용을 주제로 할 경우 학생들이 재미있게 복습할 수 있어서 좋았습니다.

06

도형 빙고

#평면도형 #입체도형 #빙고

⟨★⟩ 고학년   ⌂ 단체   📖 수학   ⏱ 15분   🎒 준비물 종이, 연필

놀이설명 평면도형 및 입체도형을 그리며 함께하는 빙고형 놀이

교과연계 📓 **수학**: 평면도형과 입체도형

방법 규칙

경쟁

1 수학 시간에 배웠던 평면도형과 입체도형을 함께 이야기해봅니다.

2 가로, 세로 4칸씩 빙고 칸을 그립니다.

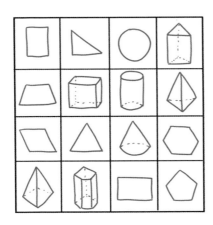

3 10분의 시간 동안 빙고 칸에 평면도형 및 입체도형을 그려 넣습니다.

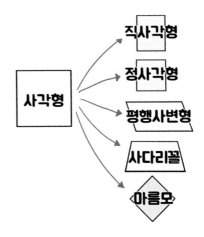

4 평면도형은 세분화하여 그릴 수 있도록 합니다. (사각형 대신 직사각형, 사다리꼴, 정사각형 등)

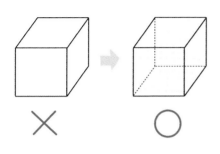

5 입체도형을 그릴 때에는 겨냥도(보이지 않는 부분을 점선으로 그린 그림)로 그려줍니다.

6 도형을 다 그린 후에는 1명씩 돌아가며 도형 하나를 말합니다.

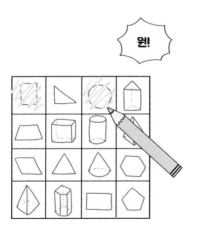

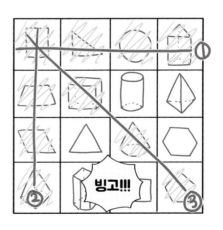

7 내가 그린 도형을 다른 친구가 이야기할 경우 내 도형에 색칠을 합니다.

8 가로, 세로, 대각선으로 선이 3줄이 되었을 때 '빙고!'를 외치면 우승자가 됩니다.

 **예시** 6학년 활동

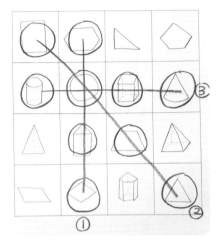 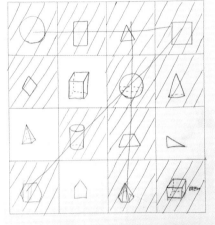

**놀이
장점**
❶ 수학적 감수성을 키울 수 있습니다.

❷ 다양한 도형의 이름과 모양을 기억해낼 수 있습니다.

**톡톡
활용법**
도형에 관해 이야기할 때 도형의 성질을 함께 설명하며 도형을 복습할 수 있습니다.

 Tip
❶ 학생들이 평면도형과 입체도형을 떠올리기 어려워할 때에는 첫 번째 활동에서 칠판에 도형을 그려줍니다.

❷ 똑같은 이름의 도형은 하나씩만 그리게 하고, 여러 번 그렸다면 하나씩 색칠하도록 안내합니다.

 **선생님 후기**

빙고놀이는 학생들이 매우 좋아해 수학 시간에 접목시켰을 때에도 즐겁게 하여 학습의 효율성도 덩달아 올랐습니다.

07

도형으로 만든 세상

#창의력 #도형 #모둠토의

🎖️ 고학년　　👤 모둠　　📖 수학, 창·체　　⏱️ 15분　　🎒 준비물 종이, 연필

**놀이
설명**　주어진 도형을 정해진 개수만 사용하여 제시된 주제를 표현하며
　　　　경쟁하는 놀이

**교과
연계**　📘 **수학**: 도형의 성질
　　　　📗 **창·체(자율활동)**: 적응활동, 창의성 지도

방법 규칙

1 모둠 책상을 만듭니다.

2 선생님이 주제와 도형 모양별 개수를 제시합니다.

3 모둠끼리 1분간 주제를 어떻게 표현할지 회의를 합니다.

4 3분 동안 정해진 도형을 이용하여 주제를 표현합니다.

동물원 OK! 사각형 10개, 원 15개, 삼각형 4개!

5 모둠별로 완성한 그림을 칠판에 붙입니다.

6 주제에 맞는 그림을 그렸는지, 도형의 모양과 개수가 정확히 사용되었는지 확인합니다.

동물원 OK!
사각형 10개,
원 15개, 삼각형 4개!

주제, 도형 OK!
20점!

동물원 OK!
사각형 12개,
원 16개, 삼각형 7개!

주제 OK!
틀린 개수 6개
20-6=14점!

	1모둠	2모둠	3모둠	4모둠	⋯
1	20	19	16	15	⋯
2	15	14	20	19	⋯
3	·	·	·	·	·
4	·	·	·	·	·
5	·	·	·	·	·
합계	90	91	80	82	

1등

7 모든 조건을 충족하면 20점, 주제에 맞지 않은 그림이 있으면 -1점, 도형의 개수가 맞지 않으면 틀린 개수마다 -1점씩 줍니다.

8 총 5라운드를 진행하여 점수를 합산합니다.

예시 6학년 작품

원 3개
사각형 11개
삼각형 2개
학교

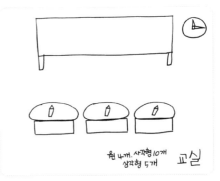

원 4개, 사각형 10개
삼각형 5개
교실

놀이 장점

❶ 도형을 쉽고 재미있게 공부할 수 있습니다.

❷ 창의성을 발휘하여 그림을 표현할 수 있습니다.

톡톡 활용법

처음에는 학교와 관련된 주제를 제시하면 학생들이 더 쉽게 그림을 그릴 수 있습니다.

 Tip

❶ 학생들의 그림 속도를 보고 시간을 조정하면 좋습니다.

❷ 그림이 주제에 맞는지에 대한 판단은 선생님의 판단 기준을 따르도록 미리 안내합니다. (또는 모둠에서 판단의 이유를 설명해도 좋습니다.)

선생님 후기

도형을 활용한 주제 그리기로 생활 속 도형을 찾아볼 수 있어 학생들이 도형에 흥미를 갖습니다.

스파이 찾기

#추측 #스파이 #연관성 #창의력

 고학년 　 단체 　 미술 　 20분 　 준비물 종이, 연필

놀이
설명
두 가지 주제의 낱말과 관련된 그림을 그리고, 스파이 그림과 주제 낱말을 맞히는 놀이

교과
연계
📖**미술**: 대상 표현하기

1 칠판 앞에 책상을 모둠별 학생 수만
큼 일렬로 배치합니다.

2 모둠별로 나와서 자리에 앉습니다.

3 선생님이 3개의 같은 낱말과 1개의
다른 낱말이 적힌 쪽지를 보여줍니다.

4 자신이 무슨 낱말을 선택할지 모둠원
들과 상의하고 그릴 것을 생각합니다.

5 1번 학생부터 차례대로 그림을 그리고 전체에게 보여줍니다.

6 다른 모둠 학생들은 그림을 보고 모둠별로 '같은 낱말'과 '스파이'를 맞힙니다.

7 낱말을 맞히면 +1점, 스파이를 맞히면 +1점입니다.

8 여기서 한 모둠이라도 스파이를 맞히면 문제를 낸 모둠에게도 +1점을 부여합니다.

	1모둠 문제	2모둠 문제	......
1모둠	+1	+1	
2모둠	+1	0	
3모둠	+2	+1	
4모둠	+1	+1	
......	......	......	......

9 모둠별로 돌아가며 문제를 출제하며 총점을 합산합니다.

	......	5모둠 문제	총점
1모둠	......	+1	5
2모둠	......	+2	6
3모둠	......	+1	7
4모둠	......	+1	4
5모둠	......	+1	8
			우승!

10 총점이 가장 높은 팀이 우승입니다.

예시 5학년 활동

**놀이
장점**

❶ 학생들의 관찰력을 키울 수 있습니다.

❷ 창의력을 발휘할 수 있습니다.

**톡톡
활용법**

모둠별로 한 명씩 나와 대결하는 방법으로 변형할 수 있습니다. 그럴 경우 모둠별로 순서를 정해 그림을 그리고 앞 순서 친구가 그린 그림을 관찰해 그리도록 합니다.

 Tip

❶ 제시 낱말 두 가지는 서로 연관성을 가져야 합니다. 예를 들어 공통 낱말이 '공놀이'라면 다른 낱말은 '달리기'로 정해 학생들이 축구, 피구, 농구 등을 그려 스파이를 찾을 수 있도록 합니다.

❷ 낱말과 스파이를 다 맞힌 후에는 무엇을, 어떻게, 왜 그렸는지 설명하도록 합니다.

선생님 후기

서로가 그린 그림을 관찰하며, 그림들의 공통점과 차이점을 비교하여 연관성이 작은 단어를 그린 친구를 찾으며 매우 즐거워했습니다.

자세하게 그리고 상상하여 그리고

#상상력 #묘사 #창의력 #모둠토의

🏅 전체　👥 단체, 모둠　📖 국어, 미술　⏱️ 40분　🎒 준비물 종이, 연필

놀이
설명
묘사를 들으며 그림을 그리고, 설명만으로 묘사된 그림을 상상해 표현하는 놀이

교과
연계
㉮ **국어**: 묘사하기, 대상 설명하기
🎨 **미술**: 상상하여 표현하기

경쟁

1 모둠 책상을 만듭니다.

2 선생님이 다른 모둠은 보지 못하게 각
모둠별로 주제를 제시합니다.

3 모둠끼리 1분간 주제를 어떻게 표현
할지 회의를 합니다.

4 5분 동안 주제를 묘사하여 표현합
니다.

코스모스처럼 뾰족한 꽃잎이 8개인 꽃이 양 쪽에
하나씩 있습니다. 그 아래로 꽃잎이 3개인 튤립이
2송이 있고 코스모스 사이에 동그란 꽃잎이
5개인 꽃이 1송이 있습니다.

5 다음 5분간 그림을 보고 설명하는 짧
은 글을 적습니다.

6 모둠 순서를 정한 후, 모둠별로 순서
대로 나와 자신들이 묘사한 그림을
설명합니다.

7 다른 모둠원들은 묘사설명을 듣고 상
상하여 그림을 표현합니다.

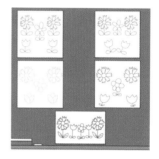

8 모두 그리고 난 후, 칠판에 각 모둠별
로 그림을 붙입니다.

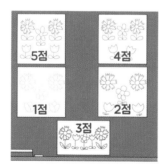

9 각 모둠은 우리 모둠이 낸 그림과 다
른 모둠의 그림을 비교하여 비슷한
순으로 5, 4, 3, 2, 1점(총 6조일 경우)
점수를 부여합니다.

	1라운드	2라운드	…	총점
1모둠	·	5		15
2모둠	2	·		16
3모둠	4	2		14
4모둠	5	4		20
5모둠	4	4		15
6모둠	2	5		17

10 모든 모둠별 라운드를 진행하여 점
수를 합산합니다.

예시 5학년 활동

놀이
장점

❶ 주제를 그림으로 상세하게 묘사할 수 있습니다.

❷ 말로 표현하는 능력을 기를 수 있습니다.

❸ 경쟁 기반 활동이지만 모둠 내에서 협동력도 기를 수 있습니다.

톡톡
활용법

고학년의 경우 분류, 분석, 비교와 대조 등 다양한 읽기 방법을 설명에 활용할 수 있습니다.

Tip

❶ 모둠이 문제 그림의 각 부분마다 미리 점수를 정해놓고 점수를 부여하는 방법을 사용하면 난이도 조절을 할 수 있습니다.

❷ 처음에는 학생들이 쉽게 상상할 수 있는 동물, 식물, 사람으로 표현하면 좋습니다. (역사와 연결 지어 인물을 묘사하고, 인물의 업적도 간단하게 소개한 후 인물의 이름도 함께 생각해보게 할 수도 있습니다.)

선생님 후기

학생들이 자신의 그림을 상세하게 묘사하고 설명하기 어려워하는데 이 놀이 활동을 통해 묘사와 설명하기에 쉽게 접근하는 모습이 좋았습니다.

10

다른 그림 찾기

#창의력 #집중력 #모둠토의

 전체 모둠 전과목 15분 준비물 종이, 연필

놀이
설명
주어진 주제에 해당하는 다양한 그림과 다른 주제의 그림을 섞어 그려 다른
그림을 가려내는 놀이

교과
연계
 전체교과: 단원 정리

방법 규칙

1 모둠 책상을 만듭니다.

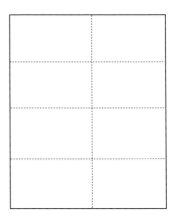

2 A4용지를 접어 8등분 합니다.

3 선생님이 주제를 제시합니다.

4 모둠원끼리 1분간 주제를 어떻게 7개로 표현할지 회의합니다.

5 3분 동안 주어진 주제에 해당하는 그림 7개와 다른 주제의 그림 1개를 그립니다.

6 문제가 적힌 A4용지를 접어 다른 모둠에게 줍니다.
(1→2→3→4→5→6→1)

7 모둠별로 다른 모둠의 문제지를 받아 주제가 다른 그림을 찾고 정답지에 적습니다.

8 다른 모둠의 모든 문제를 푼 후, 선생님과 함께 정답을 찾아 점수를 계산합니다.

예시 5학년 활동 및 작품

놀이
장점
❶ 주제를 생각그물로 만들며 사고력을 키울 수 있습니다.
❷ 정리활동 시 사용하면 개념 정리에 도움이 됩니다.

톡톡
활용법
먼저 무엇을 그릴지 정하고 헷갈리기 쉬운 다른 그림을 적절하게 배치하면 수월합니다.

Tip
❶ 문제 개수는 학습용도에 따라 변형할 수 있습니다.
❷ 각 그림에 대한 명칭을 함께 적어보고 그에 대한 보너스 점수를 부여해도 좋습니다.
❸ 그림 수준은 크게 중요하지 않습니다.

선생님 후기

기준에 따라 분류하기 활동으로 학생들이 어려워하는 시대구분과 같은 개념 익히기 활동에 효과적입니다.

CHAPTER 2.

창의

'창의력 기르기', '창의·융합 역량' 등 '창의'라는 단어를 주변에서 자주 보지 않으시나요? 요즘은 크게 주의를 기울이지 않아도 창의력과 관련된 교구나 도서가 쉽게 눈에 띕니다. 이렇듯 우리 사회가 계속해서 강조하고 있는 '창의력'이란 새로운 것을 생각해내는 힘을 말하며 다양한 교육 활동과 일상생활에서 유용하게 활용되는 능력입니다.

그렇다면 창의력이 필요한 이유는 무엇일까요? 첫째로 새로운 것을 생각해 내는 힘, 즉 창의력은 우리 사회를 발전시킵니다. 일상생활에서 불편한 점을 찾아내고, 이를 새롭게 생각하여 다양한 방식으로 개선하는 과정에서 사회를 발전시킬 뿐 아니라 우리들의 삶의 질도 높여줍니다.

둘째, 창의적인 생각은 교실과 가정을 즐겁게 만듭니다. 수업이나 일상생활 속에서 무심코 튀어나온 기발한 생각들은 잔잔한 바다 위에 쏘아 올린 형형색색의 폭죽과 같습니다. 이는 교실 속 활기를 북돋아주며 다른 사람들에게 영감을 주기도 합니다.

셋째, 창의력은 현재와 미래 사회를 살아가는 데 중요한 역량입니다. 새로운 생각을 한다는 것은 앞으로 나아간다는 뜻입니다. 과거에 있었던 새로운 생각과 고민이 현재를 풍요롭게 하는 촉매제가 되었고, 오늘날의 창의력이 더 나은 미래로 나아가는 원동력으로 작용합니다.

교사들은 아이들의 창의력을 길러주기 위해 여러 면에서 노력합니다. 하지만 새로운 것을 생각하는 힘은 쉽게 길러지지 않습니다. 어떠한 분야든 그 분야에서 전문적인 역량과 힘을 기르기 위해서는 많은 시간과 노력이 들기 마련이며,

이러한 과정을 반복해야만 견고한 역량과 힘을 기를 수 있습니다. 이는 창의력을 기를 때도 똑같이 적용됩니다. 다양한 상황을 마주하고 이를 새롭게 생각해보는 다양한 경험의 축적 속에서 창의력을 기를 수 있습니다.

그래서 본 챕터에서는 우리 아이들의 창의력과 상상력을 자극하기 위해 일상생활 속에서는 떠올리기 쉽지 않은 다양한 그림놀이들을 준비했습니다. 거꾸로 그리고, 상상해서 그리고, 발전시켜 그리는 등 새롭게 생각하고 다양하게 표현하는 그림놀이를 통해 아이들은 자연스럽게 새로운 것을 생각하는 힘을 기르게 될 것입니다.

또한 놀이 과정에서 자연스럽게 그림에 대한 흥미도 생기고 친구들과의 교우관계 형성에도 도움이 되니 일석이조가 아닐 수 없습니다. 아이들과 함께하는 창의력 쑥쑥! 그림놀이를 통해 잔잔한 교실 속에 형형색색의 폭죽을 터뜨려보시길 바랍니다.

너의 상상력을 칭찬해

#자세설명 #경청 #상상력 #표현

 전체　 단체　 국어, 미술　 15분　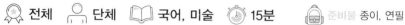 준비물 종이, 연필

 놀이설명　모델이 자세를 취하면 한 학생이 자세를 설명하고, 다른 학생들이 힌트와 상상력으로 그림을 그린 후 원래 자세와 가장 비슷한 그림을 찾는 놀이

 교과연계
　국어: 묘사하기, 대상의 특징 설명하기, 경청하기
　미술: 상상하여 그리기

창의

교실 뒤

교실 앞

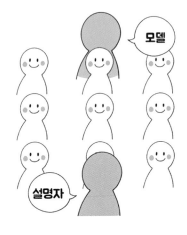

모델

설명자

1 전체 학생이 교실 앞쪽을 보도록 자리를 배치합니다.

2 설명할 학생이 전체 학생의 앞쪽에, 자세를 취할 학생이 뒤쪽에 섭니다.

3 자세를 취할 학생은 다양한 소품과 표정을 활용하여 자세를 취합니다.

1~3과정 대체 설명할 대상의 사진 또는 그림을 선생님이 미리 준비합니다.

4 설명하는 학생이 대상의 특징을 설명합니다. (단, 친구들이 상상력을 발휘할 수 있도록 너무 구체적인 힌트는 주지 않습니다.)

5 전체 학생은 5개의 힌트를 듣고 그림으로 표현합니다.

6 설명이 끝난 후, 설명이 없었던 부분들을 상상하여 그릴 수 있도록 약간의 시간을 더 줍니다.

7 이때, 자세를 취하는 학생은 잠깐 자세 취하기를 쉬어도 됩니다.

8 다 그린 그림을 정답 자세와 비교해 봅니다.

9 가장 비슷하게 그린 학생이 상상력 왕이 됩니다.

5학년 작품

**놀이
장점**

❶ 대상을 다양한 방법으로 설명하며 언어적 표현 능력이 향상됩니다.

❷ 설명을 듣지 못한 부분을 짐작하여 표현하는 과정에서 창의력과 상상력을 기를 수 있습니다.

**톡톡
활용법**

모델이 재미있는 포즈를 취하거나 소품을 다양하게 이용하면 즐거움이 더욱 커집니다.

선생님이 준비한 사진으로 첫 활동을 해보면, 학생들이 놀이를 쉽게 이해하는 데 도움이 됩니다.

선생님 후기

학생들이 친구의 설명에 자연스럽게 귀를 기울이며, 상상력 왕이 되고 싶다는 목표 의식을 가지고 열심히 참여하는 모습을 볼 수 있었습니다.

신비한 동물 사전

#상상력 #자유발상 #표현

🎖 **고학년** 👥 **단체** 📖 **미술, 국어** ⏱ **15분** 🎒 **준비물** 종이, 연필, 주사위

놀이 설명
다양한 생각으로 상상력과 표현력을 활용해 동물이나 식물의 특징을 조합해 보는 놀이

교과 연계
📱**미술:** 상상하여 그리기
📖**국어:** 대상의 특징 설명하기

창의

1. 기린	1. 코끼리
2. 사자	2. 토끼
3. 사슴	3. 해바라기
4. 덩굴	4. 물개
5. 호랑나비	5. 하마
6. 참새	6. 돼지

1 생각나는 동물 또는 식물을 이야기하며 칠판에 번호와 함께 적습니다.

2 반에서 대표로 2명의 학생이 나와서 주사위를 던집니다.

1번 기린

+ =

2번 토끼

TIP 그림놀이터
표현에 어려움을 겪지
않도록 간단하게 그려요.

이름 토린

특징
높은 곳에 있는
먹이를 먹을 수 있다.

3 번호를 확인하여 두 대상을 합친 새로운 동물을 그립니다.

4 그린 신비한 동물의 이름과 특징을 생각하여 적습니다.

5 다른 학생들 앞에서 신비한 동물을 발표합니다.

6 이번엔 칠판에 쓰여있는 대상 중에서 자기 마음에 드는 두 대상을 합쳐서 이름과 특징을 써봅니다.

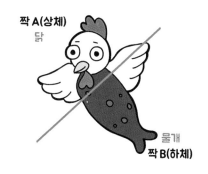

7 학생들의 발표를 듣고, 어떤 두 대상 이 합쳐졌는지 맞혀봅니다.

＊ 짝 활동으로 반을 나누어 그리는 활동 도 가능합니다.

창
의

**놀이
장점**

① 재미있고 자유로운 분위기에서 그림을 그리며 창의력과 상상력을 기를 수 있습니다.

② 자신이 표현한 그림의 특징을 생각하여 발표하며 나의 아이디어를 말로 표현하는 의사소통능력을 기를 수 있습니다.

**톡톡
활용법**

평소 독특한 상상을 하는 학생들에게 예시 작품을 그려보게 하면 동기유발 효과가 있습니다.

 Tip

선생님이 미리 예시 작품을 보여줌으로써 학생들이 다양한 상상력을 펼칠 수 있는 허용적인 분위기를 형성합니다.

선생님 후기

상상력과 의사소통능력을 모두 향상할 수 있는 놀이였습니다. 머릿속에서 상상한 내용을 그림과 말로 표현하며 즐겁게 활동할 수 있었습니다.

03

도형 그림 빙고

#실생활 #연상 #상상력 #표현

 고학년　 짝　 미술　 15분　　준비물 종이, 연필

놀이
설명

○, □, △ 등 여러 가지 도형을 보고 연상되는 그림을 그리고, 빙고 게임을 통해 서로 그린 그림을 공유하는 놀이

교과
연계

미술: 상상하여 그리기

창의

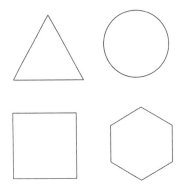

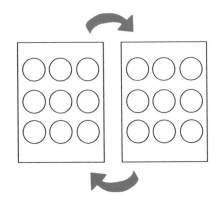

1 짝과 함께 여러 가지 도형 중 하나를
정합니다.

2 정한 도형을 3×3 배열로 그린 후 짝
과 종이를 바꿉니다.

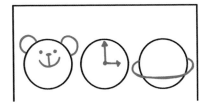

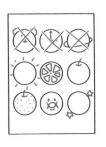

3 종이에 그려진 도형을 보고 연상되는
그림을 그립니다.

4 짝과 빙고 게임을 하며 서로 그린 그
림을 공유합니다.

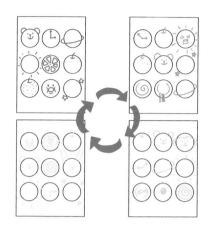

✱ 모둠 활동으로 변형할 수 있습니다.

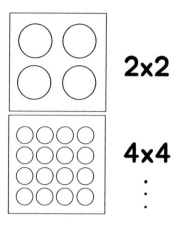

2x2

4x4

⋮

✱ 배열을 변형하여 난이도를 높이거나
내릴 수 있습니다.

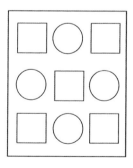

✱ 두 가지 이상의 도형을 제시하여 놀이
를 할 수도 있습니다.

✱ ○, □, △ 이외의 새로운 도형을 활용
할 수도 있습니다.

4학년 작품

놀이 장점

❶ 삼각형, 사각형, 다각형, 원 등의 도형을 실생활에서 찾아볼 수 있습니다.

❷ 도형을 보고 사물을 연상하는 과정에서 창의력과 상상력을 기를 수 있습니다.

톡톡 활용법

'과일, 학교, 과학실…' 등 범주를 정하여 빙고 게임을 하면 같은 그림이 나왔을 때의 즐거움이 더욱 커집니다.

Tip

같은 사물을 표현했다면 그림이 조금 다르더라도 빙고로 인정합니다.

 **선생님 후기**

실생활 속에서 쓰이는 도형을 찾을 때 보통 생각이나 글쓰기 정도로 그치는데, 직접 그려보며 도형을 시각적으로 볼 수 있어 좋았고 다양한 예를 찾을 수 있었습니다.

거꾸로 이어 그리기

#의사소통 #연상 #상상력 #표현

🏅 **저학년**   👤 **짝**   📖 **미술**   ⏱ **15분**   🎒 준비물 종이, 색연필, 검정 사인펜

놀이
설명
친구가 색칠한 임의의 형태를 보고 연상하여 그림을 이어서 그리고 제목을 붙여보는 놀이

교과
연계
📱**미술**: 상상하여 그리기

창의

1 종이와 색연필, 검정 사인펜을 준비하고 짝과 함께 활동합니다.

2 빈 종이에 밝은색의 색연필로 자유롭게 형태를 만들어 색칠을 합니다.

3 종이를 가득 채워줍니다.

4 짝과 그림을 서로 바꿉니다.

5 짝이 색칠한 형태를 보고 무얼 그릴 지 연상해봅니다.

6 사인펜이나 마카로 연상한 것을 그립 니다.

7 상상력을 발휘하여 그림을 세부적으 로 더 그려줍니다.

8 다시 자신의 그림을 돌려받아 친구가 그려준 그림에 제목을 붙이고 발표합 니다.

예시 **3학년 활동 및 작품**

**놀이
장점**
① 색칠된 부분 위에 어울리는 그림을 그리며 상상력을 키울 수 있습니다.

② 친구와 함께 그림을 그리며 유대감을 쌓을 수 있습니다.

**톡톡
활용법**
그림의 형태를 세부적으로 나타내면 표현할 수 있는 상상력이 더욱 풍부해집니다.

Tip
상상하기 어려워하는 학생은 얼굴 표정을 넣거나 말풍선을 넣어 상상하도록 도와주면 좋습니다.

선생님 후기

일견 무의미해 보이는 색칠이라도 거기에 상상을 더해 이야기를 만들어내는 과정에서 학생들이 재미를 느끼고 무궁무진한 상상력을 발휘할 수 있었습니다.

거꾸로 세상!

#상상력 #표현 #의사소통

 고학년   짝   미술, 국어   15분 준비물 종이, 연필

놀이 설명

사물을 다른 시점에서 볼 수 있다는 점을 이해하고 서로의 그림을 거꾸로 보며 새롭게 상상해보는 놀이

교과 연계

 미술: 상상하여 그리기
 국어: 토의하기, 이야기 꾸미기

1 동화책 『휘리리 후 휘리리 후』 또는 '주세페 아르침볼도'의 작품을 함께 보며 이야기합니다.

2 주변 사물을 다른 관점에서 바라보면 새로운 면을 볼 수 있다는 점을 이야 기합니다.

TIP 선생님의 제시어는 나무, 집, 책상 등 그리기 쉬운 것으로 안내해요.

3 짝 중에 한 학생은 선생님이 제시하 는 단어의 사물을 그립니다.

4 그림을 거꾸로 돌려서 다른 학생에게 넘겨줍니다.

창의

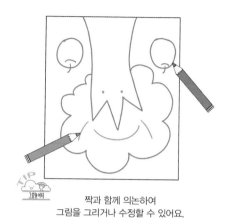

짝과 함께 의논하여
그림을 그리거나 수정할 수 있어요.

〈수염 할아버지〉

5 거꾸로 된 그림을 받은 학생은 거꾸
로 그려도 어색하지 않게 그림을 더
그립니다.

6 거꾸로 그린 그림의 제목을 붙입니다.

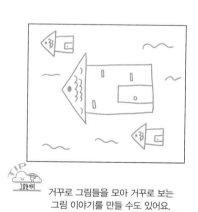

거꾸로 그림들을 모아 거꾸로 보는
그림 이야기를 만들 수도 있어요.

7 그림을 발표하며 다른 학생들의 그림
을 감상합니다.

＊ 거꾸로 보는 그림 이야기를 만들어봅
니다.

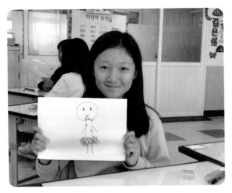

**놀이
장점**

❶ 그림을 거꾸로 그리는 과정에서 기존의 사고를 벗어날 수 있고, 이로 서 창의성도 계발할 수 있습니다.

❷ 짝과 협의하며 그림을 수정하는 과정에서 의사소통능력이 향상됩니다.

**톡톡
활용법**

동화책 『휘리리 후 휘리리 후』와 '주세페 아르침볼도'의 작품을 함께 감 상한 후 활동해도 좋습니다.

Tip

발표과정을 통해 하나의 제시어에서 얼마나 다양한 거꾸로 그림이 탄생 하는지 반 전체의 아이디어를 모아 사고의 폭을 확장할 수 있습니다.

선생님 후기

거꾸로 그림을 표현하기 위해 짝과 의논하며 시끌벅적하게 즐거워하는 모습을 볼 수 있었습니다. 사물의 관점을 달리하여 그림을 그리는 것만 으로도 학생들이 매우 즐거워했습니다.

숫자를 그림으로

#상상력 #표현

🏅 중학년   👤 단체   📖 미술, 창·체   ⏱ 15분   🎒 준비물 종이, 연필

놀이
설명   학생들과 함께 숫자를 그림으로 바꾸어보며 다양한 상상을 하는 놀이

교과
연계   📱**미술**: 상상하여 그리기
📱**창·체(자율활동)**: 창의성 지도

방법 규칙

TIP
전체 활동을 통해 '숫자를 그림으로'
놀이 방법을 익힐 수 있어요.

1 오늘 날짜를 칠판에 씁니다.

2 함께 이야기를 나누며 숫자를 그림으로 바꿉니다.

병아리   깃발   곰

악어   물고기

3 모둠별로 팀이 되어 제한 시간 내에 0부터 몇까지 숫자를 그림으로 바꿀 수 있는지 놀이를 합니다.

4 함께 숫자를 세어보며 어느 모둠이 가장 많이 바꿨는지 확인합니다. 가장 창의적인 그림을 찾아 발표합니다.

한 자리 숫자를 제시하면 쉽게 그릴 수 있어요.

5 선생님이 1개의 숫자를 제시합니다.

6 제한 시간 동안 개인별로 누가 가장
많이 바꾸는지 놀이를 합니다.

7 모둠 내에서 가장 많이 바꾼 학생과
가장 창의적인 그림을 그린 학생을
뽑아 전체 학생에게 발표합니다.

예시 **6학년 작품**

 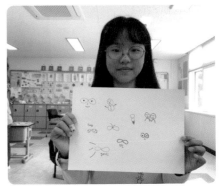

**놀이
장점**

❶ 똑같은 모양의 숫자를 다양한 방법으로 바꾸어 그리며 창의력을 기를 수 있습니다.

❷ 숫자를 그림으로 많이 바꾸는 학생도, 많이 바꾸지 못하지만 창의적으로 바꾼 학생도 모두 즐길 수 있습니다.

**톡톡
활용법**

매일 칠판에 날짜를 쓰고 그림으로 바꾸어 보면서 아침열기를 할 수 있습니다.

 Tip

숫자를 그림으로 바꾸는 놀이를 할 때 가장 많이 바꾼 모둠 혹은 학생뿐만 아니라 창의적으로 그린 학생도 칭찬해줍니다.

선생님 후기

매일 어디서나 볼 수 있는 숫자를 다른 시각으로 바라보면서 학생들이 즐겁게 상상할 수 있는 놀이였습니다.

07

그림자 이야기

#추리 #창의력 #상상력 #이야기

 전체   모둠   국어, 과학   20분   준비물 큰 종이, 연필

 놀이 설명   손 모양을 그림자놀이 하듯 따서 친구들과 함께 이야기를 만들어보는 놀이

 교과 연계   ㉠**국어:** 이야기 꾸미기
㉯**과학:** 빛과 그림자

방법 규칙

TIP
기울여서

어떤 손 모양을 그릴지 생각합니다.

1 손 모양을 생각합니다.

2 손 모양은 앞에서 빛을 비추었을 때 생기는 그림자의 모양을 떠올리면 됩니다.

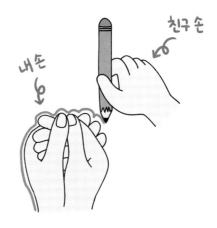

내손

친구 손

3 손을 종이에 대고 펜이나 연필을 최대한 수직으로 세워 손 모양을 따라 그립니다.

4 양손으로 모양을 만들었다면 다음 순서 친구에게 손 모양을 그려달라고 합니다.

5 다음 순서 친구도 자신이 생각한 이야기가 되도록 손 모양을 그립니다.

6 손을 그렸으면 연필, 펜 등 필기도구를 이용해 원래 각자가 생각했던 그림을 완성해봅시다. (친구와 겹치지 않게 배경을 그려도 됩니다.)

이때 처음 이야기해요.

7 그린 손 모양을 보고 모두 돌아가며 자기가 생각한 이야기를 말해봅니다.

8 이야기를 다 나누었으면 한 가지 이야기로 토의한 뒤, 제목을 정해 발표합니다.

예시 5학년 활동 및 작품

놀이 장점
① 종이 위에서도 그림자놀이를 해볼 수 있습니다.
② 다양한 주제로 이야기를 만들어볼 수 있습니다.

톡톡 활용법
대고 그리기 어려울 때는 종이 위에 손을 두고 친구가 핸드폰 손전등을 비춰서 생긴 그림자의 테두리를 따서 그려도 됩니다.

 Tip
① 주제를 생물로 할 경우 눈알 스티커를 활용해서 주제를 간단하지만 명확하게 나타낼 수 있습니다.
② 난이도를 높이면, 주변 풍경도 모두 손 모양을 활용해서 꾸며볼 수 있습니다.
③ 한 가지 색으로 가득 칠해서 정말 그림자처럼 표현해도 멋집니다.

선생님 후기
학생들이 사라지는 손 그림자를 남기면서 자기들만의 이야기를 만들며 즐거워하였습니다.

아무 말도 하지 맛!

#추리 #창의력 #의사소통 #이야기

🏅 전체　　👤 모둠　　📖 국어, 과학　　⏱ 20분　　🎒 준비물 큰 종이, 색연필

놀이 설명　아무 말도 하지 않고 한 획씩만 그어서 하나의 이야기를 만들어보는 놀이

교과 연계
📙 **국어**: 이야기 꾸미기　　📘 **과학**: 저학년 개념설명
📕 **미술**: 상상하여 그리기　　　　　　　고학년 실험장치 표현

방법 규칙

조용...

조용...

서로 절대 말하지 않아요.

1 4~6명 모둠이 앉습니다.

서로 다른 색

2 서로 다른 색의 마카, 파스넷, 펜 등 지워지지 않는 필기구를 고릅니다.

3 반드시 1번에 1획씩만 긋습니다. 곡선 도 괜찮습니다. 하지만 혼자서 종이를 모두 다 긋지 않도록 합니다.

쉿!

4 이 과정 동안 친구가 이상하게 그려 도 절대 말하지 않습니다. 음음대화, 손발짓도 금지!

10~15분 적당합니다.

5 한 친구가 그으면 다음 친구가 그어 봅니다.

6 선생님이 구호를 말하거나 타임오버 될 때까지 그림을 돌려 그립니다.

7 이제 말할 수 있습니다. 모둠원끼리 그림을 그려가는 과정을 이야기해봅시다. 제목도 정합니다.

8 앞에 나와 그린 과정을 발표합니다.

예시 6학년 활동 및 작품

놀이 장점

❶ 다른 친구들이 의견을 낼 때까지 기다리며 인내심을 기를 수 있습니다.

❷ 완성 후 과정을 이야기하면서 서로의 마음을 나눌 수 있습니다.

톡톡 활용법

과학교과에서 다같이 실험해본 장면을 다같이 아무 말없이 재구성해볼 수도 있고, 과학뿐만 아니라 다른 교과에서도 그 차시에 배운 내용을 정리해볼 수도 있습니다. 서로 배운 내용을 공통적으로 맞춰가며 완성하기도 합니다.

 Tip

❶ 협조적으로 그리는 친구도 있지만 비협조적으로 따로 그리는 친구들도 있습니다. 이럴 땐 모둠의 선택으로 맡겨두도록 합니다.

❷ 꼭 제목을 붙여서 생각을 모아보도록 합니다.

❸ 한 획을 긋는 규칙이다 보니 낙서처럼 마구 왔다갔다 휘갈기는 친구도 있습니다. 미리 지양할 것을 전달합니다.

선생님 후기

학생들이 아무 말도 할 수 없었지만 친구들이 그려가는 과정을 지켜보며 매우 즐거워하였습니다.

몬스터 제작소

#창의력 #상상력 #이야기 #관찰력

🏅 전체 👤 짝, 학급 📖 국어, 미술 ⏱ 20분 🎒 준비물 종이, 연필

**놀이
설명**
대상을 잘 관찰한 뒤 종이를 보지 않고 그린 후, 그려진 그림에 상상력을 더해 몬스터를 구체적으로 만드는 놀이

**교과
연계**
🔖 **국어:** 이야기 꾸미기
📱 **미술:** 자유롭게 표현하기

1 그릴 인물을 정합니다. 처음에는 선생님을 그리는 것이 좋습니다.

2 종이를 보지 않고 대상을 자세히 관찰하며 전신을 학생의 그림 실력에 따라 상반신만 그려도 됩니다.

4초 관찰

2초 그리기

3 4초 관찰하고 2초간 그립니다. 1~2분간 학생의 수준에 맞추어 그립니다. 이때 시간 내에 그렸다고 펜을 손에서 놓기보단, 시간이 끝날 때까지 더 섬세하게 그리도록 합니다.

4 그려진 그림을 주변 친구들과 함께 공유합니다.

5 종이를 보지 않고 그렸기 때문에 이
상한 그림이 나오겠지만, 학생들 대부
분이 잘 그리지 못하기 때문에 심리
적인 부담이 매우 작아 괜찮습니다.

6 학생들이 상상력을 더하여 괴물로 만
들어봅니다.

7 다 그렸으면 그 괴물의 이름과 구체
적인 능력, 힘, 이야기, 사연을 적어봅
니다.

8 앞에 나와서 발표합니다.

예시 6학년 활동 및 결과

**놀이
장점**
❶ 학생들의 관찰력을 키울 수 있습니다.

❷ 상상한 내용을 구체적으로 말해볼 수 있습니다.

❸ 그림 그리는 데 심리적인 부담이 적습니다.

**톡톡
활용법**
종이를 보지 않고 다른 교과서의 인물을 그린 후, 자신들이 생각하는 그 인물의 능력치와 사연을 적어볼 수도 있습니다. 혹은 주제에 따라서 몬스터 제작소 놀이처럼 더 망치는 것이 아니라 그림을 온전하게 되살려봐도 좋습니다.

 Tip
종이를 안 보고 그려야 하지만 눈이 자꾸 종이로 갑니다. 그럴 땐 종이를 모델에게서 최대한 멀리 두어 모델과 종이 사이의 간격을 벌려줍니다.

선생님 후기
선생님을 희화화하고 아이디어를 낼 때 학생들이 너무나 즐거워하였습니다.

진화하는 캐릭터

#도형그리기 #캐릭터 #주특기 #진화

🏅 전체　👤 모둠　📖 수학, 미술　⏱ 20분　🎒 준비물 종이, 연필, 색연필

놀이
설명
　주어진 도형으로 캐릭터를 그리고 모둠원들이 그 캐릭터에 도형을 하나씩 추가해 진화시키는 놀이

교과
연계
　📗 **수학:** 평면도형과 입체도형
　📕 **미술:** 시각 문화 캐릭터 그리기

창의

1 4명씩 모둠이 됩니다.

TIP
모둠의 인원이 5명이면
5등분으로 접어요.

2 각자 종이를 4등분으로 접어 준비합
니다.

3 선생님이 주제가 되는 도형을 제시합
니다. (원기둥, 정사각형 등)

TIP
캐릭터(몬스터)를 그릴 때
친구들끼리 서로 보지 않아요.

4 첫 번째 칸에 도형을 이용해 첫 번째
캐릭터를 그리고 캐릭터 이름, 주특기
를 적습니다.

5 내가 그림을 그린 칸과 다음 친구가 그릴 칸(총 2칸)만 보이게 접어서 두 번째 친구에게 줍니다.

6 두 번째 친구가 도형을 한 번 더 추가 하여 첫 번째 캐릭터의 진화 버전을 그 리고 캐릭터 이름, 주특기를 적습니다.

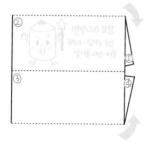

7 마찬가지로 두 번째 친구가 그린 2번 칸과 3번 칸만 보이도록 접어 다음 친구에게 줍니다.

8 마지막 네 번째 친구가 캐릭터의 최 종 진화 버전을 그릴 때까지 반복합 니다.

9 종이가 자신에게 다시 돌아오면 캐릭 터 그림 속 도형의 개수를 확인합니다.

10 나의 캐릭터를 소개합니다.

예시 5학년 작품

**놀이
장점**

❶ 제시된 도형을 어떻게 캐릭터로 표현할까 생각하며 자연스럽게 도형의 모양새를 익힙니다.

❷ 학생들이 좋아하는 '캐릭터 진화시키기'라는 놀이 개념을 접목하여 의사소통의 장을 만들어줍니다.

**톡톡
활용법**

사회 시간에 지역의 문제 상황을 정해놓고 지역의 문제 상황을 해결할 수 있는 캐릭터를 만드는 수업으로 진행할 수 있습니다.

Tip

뽑기를 이용하여 모둠별 다른 도형으로 놀이를 진행할 수 있습니다.

선생님 후기

학생들이 도형을 이용한 캐릭터 그리기에 흥미롭게 참여하는 모습을 볼 수 있었으며, 주어진 도형이 어떠한 기능으로 추가될 수 있을지 고민하는 과정에서 자연스럽게 도형 감각이 향상되었습니다. 특히 수학교과의 선대칭도형, 다각형 등을 배울 때 놀이를 진행하면 효과가 커질 것이라는 생각이 듭니다.

CHAPTER3.

추리

오른쪽에 사진이 한 장 있습니다. 사진과 관련하여 몇 가지 문제를 내보겠습니다.

❶ 사진 속의 장소는 어디일까요?

❷ 사진 속 장소에 몇 명이 갔을까요?

❸ 노트북의 모델이 무엇일까요?

❹ 음료의 종류는 무엇일까요?

❺ 어느 계절에 찍은 사진일까요?

위 질문들에 대한 답을 다 찾으셨나요? 여러분은 이미 알고 있는 사실과 경험을 토대로 답을 추리하셨을 것입니다. 예를 들어 유리창에 쓰여 있는 알파벳 몇 개를 보고 어느 곳인지 눈치채셨을 것이고, 창밖 사람들의 옷차림으로 계절을 파악하셨을 것입니다.

하나하나 정답을 말씀드리자면 위 사진은 파스쿠찌에 가서 찍은 사진이고요, 혼자 창가 쪽에 앉아서 찍었습니다. 노트북은 M사의 서피스, 음료는 아메리카노, 계절은 겨울입니다. 한 가지 더 말씀드리자면, 노트북 화면의 아이콘 상태를 보고 노트북 주인이 그다지 깔끔하지 않은 성격의 소유자라는 것도 알 수 있겠네요!

추리란 방금 여러분이 한 것처럼 이미 알고 있는 사실을 바탕으로 미루어 짐작하는 능력을 뜻합니다. 즉, 추리는 우리가 어떠한 정보를 얻을 때 사용하는 필수적인 사고 과정입니다.

따라서 초등 교육에서도 추리는 매우 중요하게 다루어지고 있습니다. 예를 들어 과학 교과의 기초 탐구 과정은 관찰, 분류, 측정, 추리, 예상, 의사소통으로 구성되어 있어, 추리가 필수적인 과정 중 하나임을 보여주고 있습니다.

수학 교과에서는 어떠한 개념을 공부할 때 먼저 기본이 되는 개념을 배우고, 이를 바탕으로 보다 심화된 개념을 공부하는 방식으로 내용이 구성되어 있습니다. 예를 들어 직사각형의 넓이 구하는 법을 토대로 평행사변형, 사다리꼴, 마름모의 넓이 구하는 방법을 유추해보는 방식으로 내용이 전개됩니다.

사회 교과에서는 어떠한 시대와 관련된 핵심적인 사실들을 통해 그 당시의 시대상을 유추해보도록 내용이 구성되어 있으며, 국어 교과에서는 지문을 읽고 그를 통해 미루어 짐작할 수 있는 내용이 무엇인지 확인하는 활동을 많이 다룹니다.

이렇게 추리는 일상생활에서의 중요성을 입증하듯, 초등 교과 곳곳에서 수없이 활용하는 능력이자 사고 과정입니다.

우리는 학생들이 추리를 어떻게 하면 보다 쉽고 재미있게 경험하게 할 수 있을지 고민하였고, 그 결과물을 이 챕터의 그림놀이들에 꾹꾹 알차게 눌러 담았습니다. 여러 교과에서 다양한 방식으로 쓰이게끔 준비한 추리형 그림놀이들이 교실에서 아이들의 추리 능력을 길러주는 데에 도움이 되었으면 하는 바람입니다.

너의 이름은

#이름 #상징

🏅 전체   👤 단체   📖 창·체, 사회   ⏱ 30분   🎒 준비물 종이, 연필

놀이
설명
이름을 간단한 상징 그림으로 표현하고 맞히는 놀이

교과
연계
📖 **창·체(자율활동)**: 자기 소개
📖 **사회**: 역사적 인물 소개하기

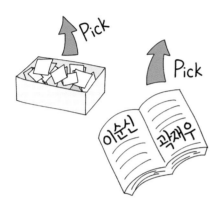

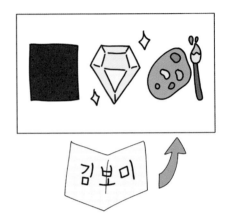

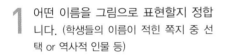

1 어떤 이름을 그림으로 표현할지 정합니다. (학생들의 이름이 적힌 쪽지 중 선택 or 역사적 인물 등)

2 선택한 이름을 종이 위에 글자당 1개의 그림으로 표현합니다.

'혜'→'해'로 표현해도 돼요.

3 표현하기 어려운 글자는 발음이 비슷한 쉬운 글자로 표현해도 됩니다.

4 1명이 나와서 자기가 그린 그림을 칠판에 다시 크게 그려 퀴즈를 냅니다.

5 칠판에 그림을 그리는 동안에는 정답
을 외치거나 손을 들지 않습니다.

6 그림을 다 그리면 손을 들고 정답을
외칩니다.

7 정답이 나오면 퀴즈를 낸 학생은 그
림을 간단히 설명합니다.

8 다음 발표자를 정해 놀이를 이어서
진행합니다.

예시 5학년 작품

정답: 오봄

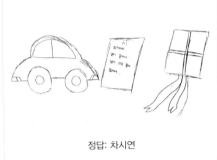

정답: 차시연

**놀이
장점**

❶ 새학기에 진행할 경우 친구들의 이름을 자연스럽게 알아볼 수 있습니다.

❷ 글자를 이미지로 상징화하는 과정 속에서 자연스럽게 창의력을 기를
수 있습니다.

**톡톡
활용법**

다양한 교과에 활용할 수 있습니다.

✓ 사회 시간에 역사인물을 주제로 활용 가능합니다.

✓ 실과 시간에 가족의 이름을 주제로 활용 가능합니다.

 Tip

❶ 이름을 그림으로 그리는 시간을 충분히 줍니다.

❷ 그림을 그리는 동안에는 정답을 말하지 않도록 사전에 충분히 지도합
니다.

선생님 후기

학기 초에 이 놀이를 했더니, 학생들이 서로의 이름을 재미있고 자연스
럽게 익히는 계기가 되었습니다.

누구를 그렸을까

#학기초 #친교 #관찰 #묘사 #경청

⚜ **전체**   👤 **단체**   📖 **미술, 도덕**   ⏱ **40분**   🎒 준비물 연습장, 사인펜

놀이 설명
새 학기 친구의 모습을 관찰하고 그리는 활동으로 누구를 그렸을지 알아맞혀 보며 친구에 대해 알아갈 수 있는 놀이

교과 연계
📕**미술**: 관찰하여 표현하기   📗**창·체(자율활동)**: 친해지기
📘**도덕**: 나와 너, 우리 함께

방법 규칙

1 친구의 이름이 적힌 종이를 무작위로 뽑습니다.

2 원 모양으로 서로 얼굴을 볼 수 있게 앉습니다.

3 1명씩 일어나서 간단하게 이름을 포함한 자기소개를 합니다. (친구들이 잘 기억할 수 있도록 간단하면서도 인상 깊게 소개합니다.)

4 내가 뽑은 이름의 친구가 소개할 때에는 더욱 집중하여 잘 기억할 수 있도록 합니다.

5 모든 친구의 소개가 끝나면, 자신이 뽑은 친구의 모습과 친구가 소개한 내용을 그림으로 그려야합니다.

6 자신이 관찰하는 것을 들키지 않게 주의하면서, 친구의 특징이 드러나게 그립니다. (다른 친구가 소개하는 중에 그림을 그리지 않도록 합니다!)

7 다 그린 뒤 한 친구가 일어나 그린 그림을 보여주고, 다른 친구들은 누구를 그렸는지 알아맞힙니다.

8 이름을 맞힌 친구가 다음 순서가 되어 자신이 그린 친구 그림을 보여줍니다.

예시 5학년 작품

**놀이
장점**

❶ 학기 초 친구를 알아가기에 좋은 친교 활동입니다.

❷ 친구의 모습을 관찰하여 묘사하는 능력을 기를 수 있고, 친구의 발표
에 집중하는 태도를 기를 수 있습니다.

**톡톡
활용법**

학기 초 친구들의 이름을 잘 외우지 못할 때 놀이를 하면 자연스럽게 서
로에 대해 알아갈 수 있습니다.

Tip

나중에 친구들의 그림을 보고 소개 내용을 떠올려 친구 이름을 맞혀야 하
므로 모든 친구가 소개할 때 집중할 수 있도록 합니다.

선생님 후기

학생들이 집중해서 친구의 모습을 관찰하고 표현하며 친구의 소개에 귀
를 기울이는 모습을 볼 수 있었고, 이름도 잘 모르던 사이에서 서로의 특
징에 대해 기억하는 사이로 변화했습니다.

퍼즐을 맞춰요

#표현 #상징 #퍼즐 #조작

🏅 중학년　🧍 짝　📖 전과목　⏱️ 15분　🎒 준비물 종이, 연필, 가위

(놀이 설명) 단어를 간단한 그림으로 표현하고 퍼즐로 만들면, 짝이 퍼즐을 완성해가며 단어를 추측하는 놀이

(교과 연계) 📱 **전체교과**: 표현하기　　　📱 **사회**: 전통놀이, 전통음식
📱 **실과·과학**: 생활 속의 동식물

방법 규칙

1 선생님이 제시하는 주제에 맞는 단어를 마음속으로 하나 정합니다.

잘 가리기!

2 짝에게 들키지 않게 잘 가리면서 종이에 가득 차게 단어를 표현한 그림을 그립니다.

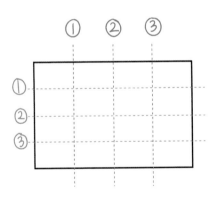

3 종이에 가로, 세로로 각각 3줄을 그어 16칸으로 나눕니다. (선긋기가 어려운 경우에는 접어서 선을 냅니다.)

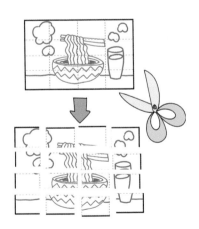

4 선을 따라 오려서 퍼즐조각 16개를 만듭니다.

5 오린 퍼즐 조각을 짝과 바꾸고 신호에 맞춰 퍼즐을 맞추기 시작합니다.

6 둘 중에 먼저 그림에 해당하는 단어를 맞힌 사람이 승리합니다.

7 단어를 맞히고 나서도 퍼즐을 끝까지 완성합니다. 퍼즐을 맞추기 어려워하면 짝이 도와줄 수 있습니다.

8 다음 주제어로 놀이를 이어서 진행합니다.

예시 5학년 작품

**놀이
장점**

❶ 주제어에 맞는 단어를 생각하고 그림으로 나타내며 표현력을 기를 수
있습니다.

❷ 그림을 추측하는 활동과 함께 퍼즐을 맞히는 활동을 할 수 있어 복합
적인 사고력을 기를 수 있습니다.

**톡톡
활용법**

학생의 수준에 따라 난이도를 조절할 수 있습니다.

˅ 퍼즐 조각의 개수를 늘이거나 줄일 수 있습니다.

˅ 퍼즐 조각을 나눌 때 곡선이나 지그재그 선도 가능합니다.

Tip

❶ 네임펜이나 매직처럼 두꺼운 펜이 눈에 더 잘 띄어서 활동하기에 좋습
니다.

❷ 단어를 맞히고도 끝까지 퍼즐을 완성할 수 있도록 독려해주시면 좋습
니다.

선생님 후기

그리기, 오리기, 추측하기, 퍼즐 맞추기와 같은 다양한 활동이 들어있
어 학생들이 흥미를 가지고 활동에 참여했습니다.

캐치마인드

#이름 #상징 #10초 #이심전심

 전체   단체   📖 전과목   ⏱️ 10분   🎒 준비물 화이트보드, 보드마카

**놀이
설명**

주어진 단어를 짧은 시간 안에 그리고 알아맞히는 놀이

**교과
연계**

📱**전체교과**: 표현하기   **사회**·**과학**: 핵심 단어 정리하기

📕**실과**·🖼**과학**: 생활 속의 동식물

추리

1 문제를 낼 학생이 앞으로 나와서 선생님이 알려주는 제시어를 확인하고, 글자 수를 동그라미로 표시합니다.

2 제시어를 표현하는 그림을 10~20초 안에 그립니다. (이때, 가능한 짧은 시간 안에 그려야 합니다.)

3 정답을 알아챈 학생들은 손을 들고, 문제를 낸 학생이 지목한 학생은 정답을 말합니다.

4 정답을 맞힌 학생이 앞으로 나와 1~3번을 반복합니다.

예시 5학년 활동 및 작품

제시어: 거북이

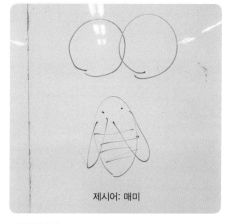

제시어: 매미

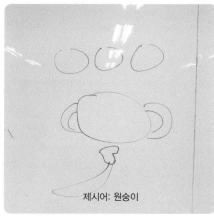

제시어: 원숭이

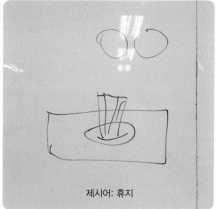

제시어: 휴지

**놀이
장점**

❶ 짧은 시간에 그리는 것이 핵심이라 그림에 대한 부담을 줄일 수 있습니다.

❷ 빠른 속도로 진행되어 많은 학생이 참여할 수 있습니다.

**톡톡
활용법**

❶ 다양한 교과에 활용할 수 있습니다.

❷ 수업 동기유발에서 배울 내용과 관련된 단어로 활용 가능합니다.

❸ 수업 마무리 단계에서 배웠던 핵심내용을 다시 살펴볼 때 활용 가능합니다.

❶ 짧은 시간 안에 대충 그릴수록 맞히는 재미가 커집니다.

❷ 특정 학생들이 반복해서 정답을 맞힐 경우, 그 학생이 문제 출제자를 지목해서 여러 학생이 출제자가 되어보도록 할 수 있습니다.

선생님 후기

수업 정리 과정에서 이 놀이를 했더니, 학생들이 수업에서 배운 핵심 단어를 한번 더 정리할 수 있었고, 즐겁게 수업을 마무리할 수 있었습니다.

그림 마피아

#사고력 #긴장 #표현 #두근두근

🎖 **고학년**　👤 **모둠**　📖 **국어, 미술**　⏱ **5분**　🎒 준비물 종이, 사인펜

놀이 설명 친구의 그림을 보고 무슨 대상인지 유추하여 그림을 이어 그려가는 놀이

교과 연계
📙 **국어**: 대상의 특징 설명하기
📗 **미술**: 묘사하여 그리기, 특징을 표현한 작품 감상하기

방법 규칙

1 진행자 포함하여 약 6명 정도의 모둠을 만듭니다. 진행자는 정답이 쓰인 쪽지들과 '마피아'가 쓰인 쪽지 1장을 준비합니다. (마피아는 정답을 모릅니다.)

2 쪽지를 안 보이게 나눠줍니다. 놀이를 시작하기에 앞서 정답의 주제는 알려주도록 합니다. (쪽지에 쓰인 정답이 기린이면, 주제는 동물임을 알립니다.)

3 첫 번째 학생부터 돌아가면서 3초씩 그림을 그립니다. (각자 다른 색의 펜을 이용하면 나중에 누가 그렸는지 알기 쉽습니다.)

4 마피아는 자기의 차례가 되면 정답을 예상하여 그림을 그립니다.

5 그림이 한 바퀴 돈 후 놀이 참여자들은 마피아로 예상되는 학생 하나를 지목합니다.

6 마피아를 맞히면 화가 측이 승리하고, 맞히지 못하면 마피아가 승리합니다.

예시 5학년 활동

놀이 장점

❶ 짧은 시간 안에 대상의 특징을 표현하는 능력을 기를 수 있습니다.

❷ 다른 사람의 그림을 추리하여 이어 그리는 활동으로 사고력을 강화할 수 있습니다.

톡톡 활용법

친구들이 마피아를 맞히기 어려워한다면 처음에는 그림의 특징이 잘 드러나지 않도록 그려서 마피아가 어떤 대상인지 유추하기 힘들게 하는 전략을 세우도록 지도해주세요.

 Tip

마피아의 수를 늘리기, 그림 그리는 시간 줄이기, 모둠원 숫자 줄이기 등 여러 가지 방식으로 변형할 수 있습니다.

선생님 후기

학생들이 가장 좋아하는 마피아 게임과 그림을 응용하여 흥미도가 높았고, 친구가 그린 그림을 집중력 있게 관찰하여 특징을 발견하는 모습을 볼 수 있었습니다.

06

스피드 친구왕

#새학기 #협동심 #얼굴 #표현 #이름외우기

추리

🎖 **고학년** 👤 **단체** 📖 **국어, 미술** ⏱ **5~10분** 🎒 준비물 종이, 연필, 학생 사진

놀이
설명

선생님이 보여주는 친구의 사진을 보고 그림으로 전달하여, 팀의 마지막 친구가 사진 속의 주인공이 누구인지 맞히는 놀이

교과
연계

📕 **국어**: 대상의 특징 설명하기
📘 **미술**: 묘사하여 그리기, 상상하여 그리기

방법 규칙

1 4~6명이서 1줄로 팀을 구성하고 뒤 돌아서 앉습니다.

2 팀별로 첫 번째 학생들만 앞으로 나 와 선생님이 제시한 친구 얼굴 사진 을 관찰합니다.

3 첫 번째 사람들이 자기 자리로 돌아 가 관찰한 친구의 얼굴을 종이에 그 립니다.

4 친구 얼굴을 그려 다음 사람의 어깨 를 치면 두 번째 사람은 앞으로 돌아 그림을 관찰합니다.

5 두 번째 사람은 그림 속 친구가 누구 인지 추리하며 빠른 시간 안에 그림을 그립니다. (종이는 전달하지 않습니다.)

6 같은 방식으로 세 번째, 네 번째 사람 이 친구 얼굴 그림을 그립니다.

7 마지막 사람은 그림을 보고 어떤 친구인지 추리하여 종이에 써서 선생님께 제출합니다.

8 정답을 맞힌 팀을 발표합니다.

예시 5학년 활동

놀이 장점

❶ 새 학기에 처음 만나 어색한 친구의 얼굴을 자세히 관찰하며 그리면서 친해질 수 있습니다.

❷ 다른 사람의 생김새와 특징을 관찰하여 그리는 활동을 통하여 표현력과 사고력을 기를 수 있습니다.

톡톡 활용법

게임을 여러 번 할 때에는 한 팀 안에서 순서를 정해서 돌아가면 좋습니다.

 Tip 그림을 다음 사람에게 보여줄 때 입모양이나 행동 등으로 힌트를 주지 않도록 합니다.

선생님 후기

새 학기가 되어 어색하고 덜 친한 친구들끼리 친해질 수 있는 기회가 되었고, 친구 얼굴을 한 번 더 자세히 관찰하여 웃음이 넘치는 모습을 볼 수 있었습니다.

07

그림 릴레이

#묘사 #스피드

🏅 전체　🧍 단체　📖 전과목　⏱ 10분　🎒 준비물 종이, 연필

놀이
설명

제시어를 보고 학생들이 이어서 그리면, 마지막 학생이 그림을 보고 제시어를 맞히는 놀이

교과
연계

전체교과: 중심 낱말
국어: 관용 표현

방법 규칙

1 팀을 나눕니다. (반 인원수에 따라 적절히 나눕니다.)

2 팀에서 답을 맞힐 친구를 정합니다.

3 답을 맞힐 친구는 교실 뒤쪽으로 가서 뒤돌아 있습니다.

4 선생님이 제시어를 공개합니다.

5 그림 그리는 규칙을 확실히 인지시켜
   주세요.

6 릴레이로 그림을 완성해갑니다.

7 답을 맞힐 친구에게 그림을 전달하면,
   종이 뒤에 답이라고 생각되는 것을
   씁니다.

8 답을 맞히면 승리!

예시 5학년 작품

제시어: 독수리

제시어: 독수리

**놀이
장점**

❶ 그림 실력에 상관없이 누구나 즐길 수 있습니다.

❷ 모두의 손길이 합쳐져서 하나의 그림이 완성되는 과정을 통해 재미와 친밀감을 느낄 수 있습니다.

**톡톡
활용법**

다양한 교과에 활용할 수 있습니다.

✓ 수업시간에 배운 핵심 키워드를 제시어로 제시하면 좋습니다.

✓ 수업 자투리 시간에 활용하기 좋습니다.

 Tip

❶ 특징이 확실히 드러나는 제시어가 좋습니다.

❷ 한 명이 그림 그리는 시간을 아주 짧게 줍니다.

선생님 후기

별다른 준비물 없이 손쉽게 할 수 있는 놀이임에도 학생들이 아주 즐겁게 참여합니다.

무엇이 숨어 있을까

#찍기 #조각조각 #꽝 #추론

🏅 전체　👤 모둠　📖 국어, 미술　⏱ 10분　🎒 준비물 종이, 사인펜

(놀이 설명) 다른 모둠이 그린 그림의 부분을 보고 피사체를 유추하여 맞히는 놀이

(교과 연계)
📕**국어**: 대상의 특징 설명하기, 경청하며 듣기
📗**미술**: 상상하여 그리기, 관찰하기

방법 규칙

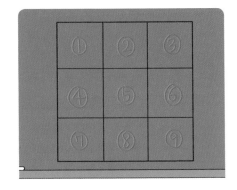

1 4~6명씩 모둠을 만들어 여러 장의 종이를 모아서 주제에 맞는 큰 그림을 그립니다.

2 다 그리고서 뒷면에 숫자를 쓴 뒤 칠판에 붙입니다.

3 다른 모둠에서 번호를 불러, 그 종이를 뒤집어서 나온 모양을 보고 어떤 것인지 유추합니다.

4 가장 먼저 맞힌 모둠이 승자가 됩니다.

예시 5학년 활동 및 작품

추
리

**놀이
장점**

❶ 다른 모둠의 그림을 부분만 보고 전체의 모습을 상상하는 활동을 통해
창의력을 기를 수 있습니다.

❷ 모둠원들과 협력하여 한 개의 완성 그림을 그리면서 협동 능력과 의사
소통능력을 기를 수 있습니다.

**톡톡
활용법**

저학년은 종이의 수를 적게, 고학년은 많이 사용하는 등 연령에 따라서
종이의 수로 난이도를 조절할 수 있습니다.

Tip

일부러 그림을 너무 작게 그리거나, 특징이 드러나지 않게 그리는 것은
지양합니다.

선생님 후기

부분을 보고 숨겨진 모습을 찾는 활동은 학생들이 가장 좋아하는 활동 중
하나입니다. 다양하고 창의적인 대답을 하며 즐겁게 참여하는 학생들
을 볼 수 있었습니다.

주사위야 부탁해

#표현 #상징 #퍼즐 #조작

🏅 중학년　👤 짝　📖 창·체, 과학　⏱ 15분　🎒 준비물 종이, 연필, 주사위

놀이
설명
주사위를 굴려서 나온 숫자에 해당하는 획으로 제시어를 표현하고, 추측하여 맞히는 놀이

교과
연계
📦 **창·체(자율활동):** 친해지기(아이스브레이킹 활동, 의사소통 활동)
📘 **과학:** 주변 사물 관찰하기

1 짝 중에 1명은 엎드리고, 다른 1명은
고개를 듭니다.

2 선생님이 고개를 든 학생에게 제시어
를 보여줍니다.

3 엎드렸던 학생(A)은 고개를 듭니다.

4 제시어를 본 학생(B)은 주사위를 굴립
니다.

1이 나오면 한 붓 그리기, 2가 나오면
획 2번으로 그리기, 5가 나오면 획 5번……

5 제시어를 그림으로 표현합니다(B). 이
때, 주사위에서 나온 숫자만큼 연필을
뗄 수 있어요.

6 주어진 시간(30초) 동안 그림을 그리
도록 해요. 또한 주어진 획수를 다 쓰
면 더 이상 그릴 수 없어요.

7 짝(A)은 그림을 보고, 제시어가 무엇
일지 추리해요.

8 서로 역할을 바꾸어 다음 제시어로
놀이를 이어서 진행해요.

예시 5학년 활동 및 작품

미리 보지 않도록 가리기

제시어: 짝 얼굴

놀이 장점

❶ 주제어에 맞는 단어를 생각하고 그림으로 나타내면서 표현력과 창의력을 기를 수 있습니다.

❷ 획수를 생각하며 그림으로 표현해야 하기 때문에 사고력을 길러줄 수 있습니다.

톡톡 활용법

학생의 수준에 따라 난이도를 조절할 수 있습니다.

✓ 그림 그리는 제한 시간을 늘리거나 줄일 수 있습니다.

✓ 주사위 숫자의 +3만큼 획수를 더 줄 수도 있습니다.

 Tip

❶ 쉬운 제시어부터 시작하면 좋습니다.

❷ 한 붓 그리기의 특징은 선의 흔적이 남는 것이므로 추상적인 그림을 칭찬해주어 즐겁게 활동하도록 격려해줍니다.

선생님 후기

주사위를 활용하여 다양한 놀이의 조건이 생기기 때문에 학생들이 긴장감을 느끼며 재미있게 활동에 참여했습니다.

한 붓 그림 초상화

#학기초 #친교 #관찰 #묘사 #형태

🎖️ 전체　👤 단체　📖 미술, 도덕　⏱️ 20분　🎒 준비물 종이, 사인펜

놀이 설명　한 붓 그리기로 친구 얼굴을 그리고 누구를 그렸는지 맞히는 놀이

교과 연계
🎨 **미술**: 관찰하고 묘사하기　　📒 **창·체(자율활동)**: 친해지기
⚖️ **도덕**: 나와 너, 우리 함께

방법 규칙

추리

1 모둠원들이 오른쪽에 있는 모둠원의 얼굴을 한 붓 그리기 합니다.

2 그림을 뒤집은 뒤, 한곳에 모아 섞습니다.

송가람

김보미

이진주

최희준

3 다른 모둠과 한 붓 그림 종이 뭉치를 서로 교환합니다.

4 교환한 종이를 펼쳐 한 붓 그리기 한 그림을 보고, 모둠원과 상의하여 그림의 주인공을 찾아 이름을 씁니다.

5 교환했던 모둠과 다시 종이를 교환하여 돌려받습니다.

6 상대 모둠에서 얼마나 맞혔는지 채점합니다. (맞힌 그림 1개당 1점 부여)

예시 3학년 작품

**놀이
장점**

❶ 한 붓으로 그리는 과정에서 물체의 형태와 위치를 잡고 특징을 표현
하는 기능을 신장시킬 수 있습니다.

❷ 완성된 그림을 보면 우스꽝스럽지만 학생들 나름대로 표현한 특징을
함께 찾아보면서 웃을 수 있고 동시에 관찰력과 추리력을 기를 수 있
는 놀이입니다.

**톡톡
활용법**

초상화뿐만이 아니라 배운 내용이나 이야기의 주인공 등을 한 붓 그리기
로 그리고 무엇인지 맞히는 방식으로 변형할 수도 있습니다.

Tip

❶ 처음엔 종이와 친구의 얼굴을 보며 한 붓 그리기 하는 방법으로 진행
하면 쉽게 시작할 수 있습니다.

❷ 다음엔 종이를 보지 않고 친구의 얼굴만 보면서 진행하면 또 다른 재
미의 작품들이 나올 수 있습니다.

선생님 후기

한 붓 그리기로 초상화를 그리면 표현하는 데 어려움이 있지 않을까 생
각했는데 나름대로 각자의 특징이 나타나게 그려서 함께 누구인지 맞히
며 웃고 즐길 수 있는 시간이 되었습니다.

CHAPTER 4.

친교

친구란 어떤 이를 뜻할까요? 사전적인 정의를 보면 가깝게 오래 사귄 사람을 친구라 합니다. 관포지교(管鮑之交)의 유래처럼 어렵고 절박한 상황에서도 나를 온전히 믿어주는 이도 진정한 친구일 것입니다. 또 백아절현(伯牙絶絃)의 일화, 자신의 음악을 유일하게 알아주던 친구가 죽자 더 이상 음악을 하지 않았다는 이야기처럼 나를 알아주고 이해해주는 사람을 뜻하기도 합니다.

우리가 무척이나 가깝게 생각하고, 또 자주 사용하는 '친구'라는 말에는 상대와 만난 기간이나 친근함의 정도 뿐 아니라, 나를 얼마나 잘 알아주고 이해해줄 수 있는지 등 굉장히 다양한 의미가 담겨 있습니다. 그래서 누구에게나 소중한 존재가 바로 친구일 겁니다.

이런 소중한 친구 관계를 맺어가는 시작점이 초등학교입니다. 아이들이 가정에서 부모님의 손을 떠나 온전히 홀로 사회에 첫발을 내딛는 곳이 초등학교이고, 이 학교에서 또래 아이들을 만나 처음으로 새로운 관계를 맺습니다.

이때 타고나길 쾌활하고 사교적인 아이들은 커다란 노력을 들이지 않고도 여러 아이들과 원활하게 친구 관계를 맺습니다. 하지만 내향적이거나 소심한 아이들은 다른 아이들과 새로 어울리는 방법을 몰라 새로운 친구를 만드는 데 애를 먹는 경우도 적지 않습니다. 이런 경우에 교사는 어떻게 새롭게 친구 만드는 법을 가르쳐줄 수 있을까요?

친교형 그림놀이는 여러 성향의 친구들을 아울러 그림놀이 활동으로 자연스럽게 자신을 소개할 수 있는 기회를 제공합니다. 이 과정에서 자기 자신의 내면을 살필 수도 있고, 스스로 이해한 자기 자신을 상대방에게 다양한 방법으로 표현, 전달할 수 있게 됩니다.

또 이러한 자기이해는 타인이해의 발판이 되어 서로 의미 있는 관계로 한 걸음 다가설 수 있는 도약점이 됩니다. 친교형 그림놀이는 단순한 친구 관계를 넘어 타인에게 관심을 갖고 이해하려고 노력하는 역량을 길러주고, 여러 사람과 라포를 형성하며 의사소통 및 사회·정서적 능력을 기르게 돕습니다. 즉 친교형 그림놀이로 아이들은 타인과의 관계를 자연스럽게 개선·발전시킬 수 있는 역량을 함양할 수 있습니다.

물론 친교형 놀이로 앞서 언급한 모든 역량을 완벽하게 기르기는 어려울 것입니다. 하지만 밭에 씨를 뿌리고 거름을 주듯, 이제 자라나는 새싹 같은 아이들에게 그림놀이는 좋은 밑거름이 될 것입니다.

친교형 그림놀이를 통해 교실 안의 아이들이 서로를 구분하지 않고 화목하게 지내고, 나아가 주변의 사람들과 원만한 인간관계를 맺을 수 있는 길을 발견하여 조금씩 더 나은 관계를 형성하게 되길 바랍니다.

나로 말할 것 같으면

#소개 #상징 #첫만남 #자기이해

🎖 고학년　👤 단체　📖 국어, 창·체　⏱ 20분　🎒 준비물 종이, 사인펜

놀이 설명　나를 나타내는 것들로 그림을 그리고, 교실을 돌아다니며 나를 소개하는 놀이

교과 연계　🗝 **국어:** 소개하는 글
📱 **창·체(자율활동):** 자기소개

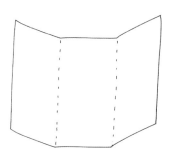

방법 규칙

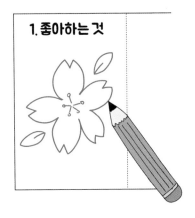

1 종이를 삼등분하여 접습니다.

2 첫 번째 칸에는 '내가 좋아하는 것'을 그립니다.

3 두 번째 칸에는 '내가 싫어하는 것'을 그립니다.

4 마지막 칸에는 '나를 상징하는 것'을 그립니다.

친교

메모 예시

친구이름	좋아하는 것	싫어하는 것	상징하는 것
김보미	꽃	벌레	곰
김민준	그림	소음	쌍꺼풀
...			

5 완성된 그림을 가지고 교실을 돌아다 닙니다.

6 만나는 친구와 인사하고 그림을 활용 하여 서로 소개합니다.

이름	좋아하는 것	싫어하는 것	상징
이진주	고양이	거미	햇살
최희준	앞머리	뱀	보석
김보미	치킨	당근	곰

7 친구의 소개를 듣고 종이 뒷면에 친 구의 특징을 간략하게 메모합니다.

8 정해진 시간이 끝날 때까지 여러 친 구들과 만나 서로 소개해봅니다.

 **4학년 작품**

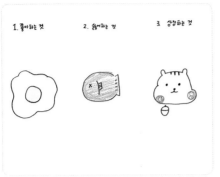

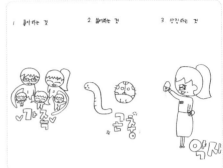

 **놀이
장점**

❶ 어색할 수 있는 자기소개에 그림을 활용하여 부담을 줄일 수 있습니다.

❷ 자기소개를 준비하는 동안 자신에 대해 생각하는 기회를 가져 자기이
해의 기회가 될 수 있습니다.

**톡톡
활용법**

선생님이 학생들이 그린 그림을 보여주며 누구를 소개한 그림인지 맞혀
볼 수 있습니다.

Tip

❶ 소인수 학급일 경우 좋아하는 음식과 과목을 추가하고, 다인수 학급일
경우 나의 상징을 제외하는 등 학급 인원에 따라 그림의 개수를 조절
할 수 있습니다.

❷ 운영시간은 학급에 맞게 조정할 수 있습니다.

❸ 선생님께서 친구의 특징에 대해 메모할 표를 미리 나누어주셔도 좋습
니다.

선생님 후기

자기소개에 대한 부담감으로 어색하기만 하던 학기 초에 그림놀이로 학
생들이 부담 없이 자기소개를 할 수 있었습니다.

친교

너와 나의 집은

#집 #다양성 #약속 #상상

⭐ 고학년　👤 짝　📖 사회, 국어　⏱ 20분　🎒 준비물 종이, 사인펜

놀이 설명
집의 내부를 그리며 서로를 알아가고, 서로의 다양성을 인정하고 존중하도록 돕는 놀이

교과 연계
📙 **사회**: 문화의 다양성
🔤 **국어**: 의사소통

방법 규칙

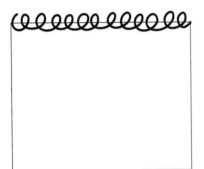

1 종이 1장을 준비합니다.

2 짝과 가위바위보로 순서와 색깔을 정합니다.

3 선생님이 불러주는 제시어를 번갈아가며 그립니다.

4 그림을 그리는 차례인 사람의 의견대로 그립니다.

5 짝의 의견을 비난하지 않고 존중합
니다.

6 번갈아가며 제시어를 그려 집을 완성
합니다.

7 그림을 보고 마음에 드는 그림 위에
자신의 이름을 쓰고 그 이유를 말해
봅니다.

8 짝과 내가 서로 다른 의견을 가진다
는 것을 인정하고 서로 존중하기로
약속합니다.

 **예시** 4학년 작품

**놀이
장점**

❶ 내가 원하는 대로 그림이 그려지지 않아도 수용하는 과정에서 '다름'을 인정하는 연습을 할 수 있습니다.

❷ 서로 다르기 때문에 약속이 필요함을 느끼고 학급 규칙을 만드는 계기로 활용할 수 있습니다.

**톡톡
활용법**

학기 초, 그림에서 친구와 닮은 것을 찾아보며 어색한 분위기를 부드럽게 만들 수 있습니다.

 Tip

제시어에 개인의 기호가 들어가는 물건이나 동물을 많이 제시하면 서로를 알아가는 데 도움이 됩니다.

제시어로 창문, 탁자, 침대, 좋아하는 동물, 좋아하는 음식 등을 들 수 있습니다.

 **선생님 후기**

학기 초에 놀이를 활용하여 학생들 서로에게 이해와 배려가 필요함을 느끼고 체험하는 계기가 되어 좋았습니다.

03

첫 만남은 그땅따

#첫만남 #관심사 #소통 #자기이해

🎖 **고학년**   👤 **단체**   📖 **국어, 창·체**   ⏱ **20분**   🎒 **준비물** 종이, 사인펜

놀이 설명   새 학기에 서로의 관심사를 파악하며 친해질 수 있는 땅따먹기 방식의 놀이

교과 연계   📖 **국어:** 소개하는 글 쓰기
📖 **창·체(자율활동):** 자기소개

방법 규칙

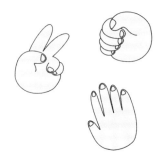

1 다양한 모양 중에서 하나를 정해 종이에 그려 오립니다.

2 가위바위보로 순서를 정합니다.

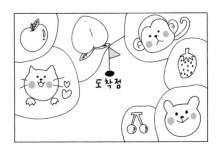

3 그림 주제 범위를 안내합니다. (음식, 과일, 동물 등)

4 1번에서 만든 종이 위에 먼저 도착점을 점으로 표시한 후, 나의 관심사를 그림으로 그립니다. 이때, 선호도가 높을수록 크게 그립니다.

관심사 범주 예시			
음식	동물	색깔	책
과목	운동	영화	직업
가수	노래	악기	롤모델

친교

5 그림을 그리면서 주변을 선으로 감
싸고 그림과 관련된 간단한 자기소
개를 합니다.

6 그림을 감싼 선이 도착점에 닿을 때
까지 놀이를 계속 진행합니다.

7 6번 규칙에 걸린 학생은 그림 중에
서 3개를 골라 색칠한 후, 이야기를
만듭니다.

8 친구들의 관심사를 서로 살펴봅니다.

예시 6학년 활동

놀이 장점
❶ 자연스럽게 친구들과 친해지며 서로에 대해 관심을 가질 수 있습니다.
❷ 친구들과 공통의 관심사를 찾으며 소속감을 형성할 수 있습니다.

톡톡 활용법
완성된 그림을 살펴보며 서로의 관심사를 파악할 수 있습니다.
인원수가 많아질수록 놀이의 긴장감이 커집니다.

 Tip
❶ 그림으로 나타내기 어려운 대상은 비유적으로 표현할 수 있도록 합니다. 예) '워너원'의 노래 「energetic」→ 핫식스
❷ 여러 범주를 선택해서 놀이할 수도 있습니다.
❸ 학생들과 함께 범주를 정해서 참여를 높일 수 있습니다.

 **선생님 후기**
"친구랑 저랑 비슷한 관심사를 놀이를 하면서 많이 발견해 어색함이 사라졌어요!" 라고 말하는 학생들의 이야기를 들을 수 있었습니다.

방울방울 그려봐

#첫만남 #관심사 #소통 #자기이해

🎖 **고학년**　👤 **단체**　📖 **국어, 미술**　⏱ **20분**　🎒 준비물 종이, 사인펜

놀이
설명

나와 같은 관심사를 가진 친구를 찾아 이야기하고 동시에 친구의 이름을 외우는 새학기 그림놀이

교과
연계

📗**국어**: 소개하는 글　　　📙**미술**: 자신을 나타낸 작품
📘**창·체(자율활동)**: 자기소개

방법 규칙

1 종이에 10~15개의 도형을 그립니다.

2 도형 안에 나를 나타내는 것을 그리고 색칠합니다.

3 추상적인 그림에는 간단한 명칭을 적습니다.

4 교실을 돌아다니며 나와 같은 관심사의 친구를 찾습니다.

음식	동물	색깔	책
과목	운동	영화	직업
가수	노래	악기	롤모델

친교

5 같은 관심사를 가진 친구를 찾으면 도형 안을 색칠합니다.

6 도형 안에 친구의 이름을 적습니다.

7 정해진 시간이 끝날 때까지 놀이를 계속합니다.

8 놀이가 끝난 후에 서로의 관심사를 이야기해봅니다.

6학년 활동

놀이 장점

❶ 자연스럽게 친구들과 친해지며 서로에 대해 관심을 가질 수 있습니다.

❷ 친구들과 공통의 관심사를 찾으며 소속감을 형성할 수 있게 됩니다.

톡톡 활용법

관심의 정도에 따라 도형의 크기를 조절해서 친구에게 나를 자세하게 소개할 수 있습니다.

Tip

❶ 선생님도 놀이에 함께 참여하면 학생들이 선생님에 대해서도 알 수 있는 기회가 생깁니다.

❷ 학생들과 함께 범주를 정해서 놀이에 대한 참여를 높일 수 있습니다.

선생님 후기

학생들이 평소에 생각하지 않던 범주에 관해 진지하게 생각해보며 집중하는 태도가 인상적이었습니다.

05

우리 둘이 그려요

#비교 #관찰 #공통점 #상징그림 #픽토그램

🏅 고학년　🧍 짝　📖 미술　⏱ 5분　🎒 준비물 종이, 연필

| 놀이
설명 | 하나의 주제로 그린 짝과 나의 그림을 비교해보고 상징적인 그림을 알아보는
놀이 |

| 교과
연계 | 📱미술: 상징 그림, 픽토그램 |

방법 규칙

1 짝과 함께 그림 주제를 2개 정합니다.

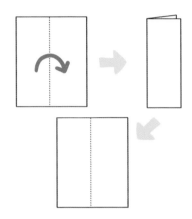

2 종이를 반으로 접었다 폅니다.

3 정한 주제를 종이에 따로 적습니다.

4 주제를 하나씩 골라 맡습니다.

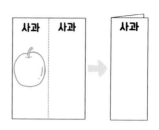

TIP
그림놀이터

짝에게 보여주지 않고 그려요.

5 1분 내로 주제에 맞게 그립니다.

6 자신이 그린 그림을 보지 못하도록 뒤로 접은 후 짝과 종이를 교환합니다.

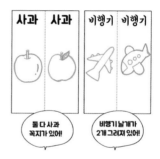

둘 다 사과 꼭지가 있어!

비행기 날개가 2개 그려져 있어!

7 짝과 교환한 종이에도 마찬가지로 그림을 그립니다.

8 종이를 펼쳐 서로의 그림에서 공통점을 찾아봅니다.

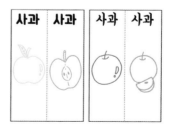

사과 하나만 잎이 있네!

비행기를 위에서 본 모습이 있어!

9 어떤 점이 다른지 이야기 나누며 재미있는 부분을 찾아봅니다.

10 짝뿐만 아니라 다른 친구들의 그림도 비교해봅니다.

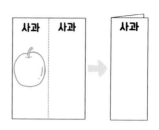
친교

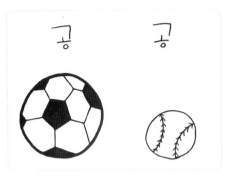

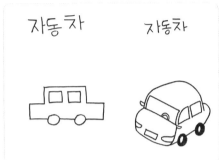

**놀이
장점**

❶ 상징 그림이나 픽토그램에 대해 배울 수 있습니다.

❷ 짝과 서로 그린 그림의 공통점과 차이점을 찾으며 유대감 및 공감대를
형성할 수 있습니다.

**톡톡
활용법**

선생님이 직접 주제를 제시해 교과 내용과 연관 지을 수 있습니다.

그림에는 정답이 없음을 먼저 지도하면 좋습니다.

선생님 후기

짝뿐만 아니라 다른 친구들의 그림도 함께 비교해보며 대상의 특징이나
상징을 자세히 관찰할 수 있었습니다.

동그라미 이심전심

#새학기 #자기소개 #추측

친교

 고학년   짝   미술, 창·체   ⏱ 10분   🎒 준비물 종이, 연필

놀이
설명   학기 초 짝과 그림을 그리며 서로를 소개하고 알아볼 수 있는 놀이

교과
연계   📖 **미술**: 자신을 나타낸 작품
📖 **창·체(자율활동)**: 자기소개

방법 규칙

1 종이에 이름을 쓰고 동그라미 5개를 그립니다.

2 제한 시간 내 동그라미를 이용해 그림을 그립니다. 그중 2개는 자신의 특징과 관련된 것을 그립니다.

3 다 그린 다음 짝과 종이를 교환합니다.

4 짝이 무엇을 그렸는지 그림 밑에 적어봅니다.

5 짝과 관련 있는 그림을 2개 추측하여
별표(☆)로 표시합니다.

6 짝에게 종이를 다시 돌려줍니다.

TIP
그림플레이터 몇 개를 맞혔는지 세어보고
1개당 1점으로 계산해요.

7 자신의 종이를 보고 짝이 추측한 내
용을 채점합니다.

8 짝에게 자신의 그림을 설명합니다.

9 그림을 보며 짝에게 궁금한 점을 물
어봅니다.

10 놀이를 통해 알게 된 점을 바탕으
로 다른 친구들에게 짝을 소개합
니다.

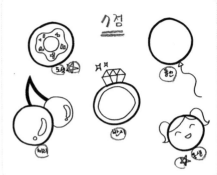

**놀이
장점**
❶ 단조로운 자기소개 시간을 재미있게 구성할 수 있습니다.

❷ 자신의 특징, 관심사 등을 생각해봄으로써 스스로에 관해 좀 더 자세히 이해할 수 있습니다.

**톡톡
활용법**
동그라미의 개수, 제한 시간 등을 변형함으로써 학생들 수준에 맞게 난이도를 조절할 수 있습니다.

Tip
짝이 추측한 내용을 채점할 때는 정답의 범위를 넓혀 관용적으로 채점할 수 있도록 합니다.

선생님 후기

놀이를 통해 자연스럽게 자기 자신에 대해 생각해보고, 친구를 살피며 유대감을 형성하는 학생들의 모습을 확인할 수 있었습니다.

내 손을 잡아

#아이스브레이킹 #모둠세우기 #공감 #공통점

 고학년   모둠   도덕   20분   준비물 종이, 색연필
(또는 사인펜)

놀이설명 서로의 손을 잡은 듯한 그림에 공통점을 적어나가며 친밀감을 키우는 놀이

교과연계 📖**도덕**: 이해와 공감

1 가위바위보로 순서를 정합니다.

2 서로 다른 색의 색연필이나, 사인펜을 준비합니다.

3 돌아가며 종이에 자신의 손을 두고 따라 그리고 이름을 씁니다.

4 1명씩 자신이 좋아하는 것을 이야기합니다.

친교

5 이야기를 듣고 공감하는 사람은 "나도"라고 대답합니다.

6 공감하는 친구들과 내 손이 겹쳐진 부분을 찾습니다.

7 공감하는 사람들의 손이 겹쳐진 부분에 내가 이야기한 대상을 그립니다.

8 돌아가며 이야기를 이어나가고 앞의 순서를 반복합니다.

4학년 작품

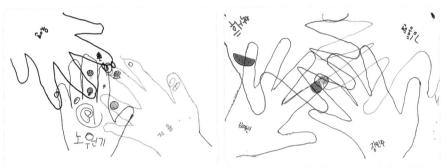

**놀이
장점**
❶ 공통점을 찾아 공감하며 모둠원끼리 친해지는 데 도움이 됩니다.
❷ 공통점을 찾는 동시에 모둠원 각 개인을 이해하는 기회가 됩니다.

**톡톡
활용법**
❶ 놀이를 통해 찾은 모둠원의 공통점을 활용하여 모둠이름을 직접 만들어봐도 좋습니다.
❷ 자리를 바꾸거나 모둠을 새로 구성했을 때 어색함을 덜 수 있습니다.

❶ 모두의 손이 겹쳐지는 부분이 있도록 그리게 합니다.
❷ 공통점을 찾기 어려워하면 선생님이 '음식, 색깔, 노래' 등으로 대화 예시를 제시합니다.

선생님 후기
본격적인 모둠활동을 하기 전 이 놀이를 통해 모둠세우기 활동을 효과적으로 할 수 있었습니다.

08

내 마음을 알아줘

#새학기 #짝인터뷰 #알쏭달쏭 #그림스무고개

🏅 **고학년**　　🧍 **짝**　　📖 **미술, 창·체**　　⏱️ **15분**　　🎒 준비물 종이, 연필

놀이 설명　짝에게 궁금한 점을 질문하고, 그에 대한 짝의 그림답변을 본 뒤, 짝에 대해 추측해보는 놀이

교과 연계　📙**미술**: 자신을 나타낸 작품
📙**창·체(자율활동)**: 자기소개

방법 규칙

친교

①	②
③	④

1 종이를 4등분합니다.

① 좋아하는 음식은?	② 평소 취미는?
③ 제일 자신있는 것은?	④ 좋아하는 만화는?

2 짝에게 궁금한 점을 각 칸에 적습니다.

3 짝과 순서를 정합니다.

4 첫 번째 순서인 사람이 먼저 질문합니다.

5 짝은 그에 대한 답을 그림으로 그려 줍니다.

6 짝의 그림을 보고 추측한 답변을 아래에 적습니다.

7 짝이 추측한 답이 틀리면 다시 보충하여 그립니다.

8 이번에는 역할을 바꿔서 짝꿍이 질문합니다.

9 번갈아 질문하고 그리며 활동지를 완성합니다.

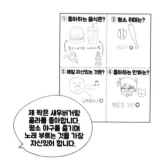

10 궁금한 점을 다 알아본 후에는 짝에 대해 발표해봅니다.

예시 4학년 작품

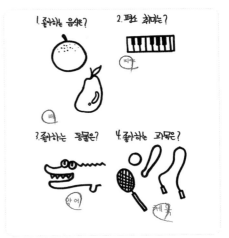

**놀이
장점**

❶ 새로 만난 친구와의 어색함을 줄여주고, 부담 없이 서로에 대해 알아
볼 수 있는 기회를 제공합니다.

❷ 자신의 특징, 관심사 등을 그림으로 표현해봄으로써 자신에 대해 좀
더 자세히 이해할 수 있습니다.

**톡톡
활용법**

질문의 종류와 개수 등을 조정함으로써 학생들 수준에 맞는 자기소개 활
동지를 만들 수 있었습니다.

짝에게 궁금한 점을 구체적으로 묻고, 추가 질문을 할 수 있도록 합니다.

선생님 후기

놀이를 통해 자기 자신을 표현하고 친구를 탐색하는 과정에서 자연스럽
게 의사소통하는 학생들의 모습을 확인할 수 있었습니다.

09

한 줄 초상화

#새학기 #짝얼굴 #초상화 #한줄긋기 #그림선물

🎖 중학년　👤 짝　📖 미술　⏱ 15분　🎒 준비물 종이, 연필

놀이
설명
친구의 얼굴을 관찰한 후, 그 특징을 선으로 표현하고 느낌과 생각을 공유하
는 놀이

교과
연계
📱 미술: 관찰하여 표현하기, 선으로 나타내기

방법 규칙

우리 서로
그려보자!

좋아!

긴 타원형
얼굴에 동그랗고
큰 눈을 가졌고...

1 2명씩 짝을 이룹니다.

2 짝의 얼굴 모습을 자세히 관찰합니다.

쓱싹

쓱싹

얼굴형, 눈코입 모양, 위치 정도만
빠르게 그려요.

3 1분 내로 짝의 얼굴을 연하게 스케치
합니다.

4 스케치를 바탕으로 짝의 얼굴을 그려
봅니다. 이때 종이에서 연필을 떼지
않고 한 줄로 그립니다.

5 반 친구들이 그린 그림을 모아 누구
의 얼굴인지 맞춰봅니다.

6 친구의 특징이 잘 표현된 부분을 찾
아 이야기해봅니다.

7 초상화 빈 공간에 친구에게 전하고
싶은 마음을 적어봅니다.

8 그린 날짜를 적고, 서명을 한 후 마무
리합니다.

9 친구에게 그림을 선물합니다.

10 친구에게 감사의 인사를 합니다.

 **4학년 작품**

친교

놀이 장점

❶ 친구의 얼굴을 탐색하고 표현하는 활동으로 관찰 표현에 흥미를 불러 일으킬 수 있습니다.

❷ 서로에 대한 관심과 호기심을 바탕으로 친밀감과 유대감을 형성할 수 있는 기회를 제공합니다.

톡톡 활용법

친구를 그린 초상화에 칭찬과 격려 등 자신의 마음을 진솔하게 표현하여 함께 선물할 수 있도록 합니다.

친구 얼굴의 특징을 이야기할 때 상대방이 듣고 마음이 상하지 않게 이야 기하도록 유의합니다.

 **선생님 후기**

연필을 떼지 않고 그리는 것이 어색해서 자신 없는 모습을 보이기도 했지만, 막상 해보니 생각보다 근사한 결과가 나와 뿌듯해하는 모습을 확인할 수 있었습니다.

단서로 나를 맞혀봐!

#단서 #소통 #배려 #경청

 고학년　 짝　 미술　 20분　준비물 종이, 사인펜, 자

놀이
설명
주어진 단서들을 종합하여 주제에 해당하는 그림을 맞히면서 친구의 관심사를 추측하는 놀이

교과
연계
미술: 특성을 살려 표현하기

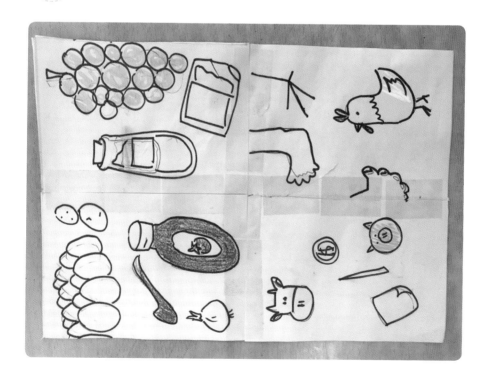

방법 규칙

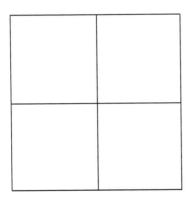

1 종이 앞장과 뒷장 모두 4등분하여 선을 긋습니다.

동물!

2 주제를 제시한 후, 각자 종이 앞 장에 4개의 관심사를 그립니다.

3 이때, 관심사에 순위를 매겨 차례대로 점수를 부여합니다. (1순위 +4, 2순위 +3, 3순위 +2, 4순위 +1)

4 종이 뒷장에 각 그림과 관련된 단서를 그립니다.

친교

5 단서를 종합하여 해당 그림을 맞힙니다.

6 번갈아가면서 친구의 관심사를 맞힙니다.

7 자를 이용하여 해당 관심사를 잘라 가져갑니다.

8 해당 관심사에 점수를 기록합니다.
(자세한 점수 부여 방법은 아래 참고)

점수 부여 방법

맞춘 순서	관심사			
	1순위(+4점)	2순위(+3점)	3순위(+2점)	4순위(+1점)
첫 번째로	+4	+3	+2	+1
두 번째로				
세 번째로	+3	+2	+1	
네 번째로				

🏅 **순위보다 빨리 또는 같게 맞춘 경우:** 기존 점수 그대로 부여합니다.

🏅 **순위보다 늦게 맞춘 경우:** 기존 점수의 −1점을 부여합니다.

예시　6학년 활동

**놀이
장점**

❶ 친구의 관심사를 자세하게 파악할 수 있습니다.

❷ 본인의 관심사를 상대방이 추측 및 이해할 수 있도록 그림으로 표현하는 과정에서 배려심을 기릅니다.

**톡톡
활용법**

상징적인 표현을 사용할 수 있습니다.

예) 마마무→무 그림을 단서로 제시 가능!

Tip　단서를 어려워하는 친구를 위해 부연 설명을 할 수 있습니다.

선생님 후기

학생들이 자신의 관심사를 상대방에게 잘 전달될 수 있도록 그림으로
표현하고자 노력하는 자세를 살펴볼 수 있었습니다.

CHAPTER 5.
협동

우리는 아이들에게 '서로 협동하고, 도와야 한다'고 가르칩니다. 이때 협동이란 무슨 뜻일까요? 사전적 의미에서 협동이란 '서로 마음과 힘을 하나로 합침'을 뜻합니다. 아이들은 학교에서 많은 사람을 만나고, 사회에서는 더 많은 사람들을 만나게 됩니다. 그렇기에 서로 마음과 힘을 하나로 합치는 협동 역량은 사회적 동물인 인간에게 없어서는 안 될 중요한 덕목입니다.

그렇다면 교실에서 어떻게 협동 역량을 기를 수 있을까요? 흔히 교사는 아이들에게 모둠 활동, 협동 과제 제시, 역할 분배 등의 방법들로 다양한 협동의 기회를 제공합니다. 그러나 모둠 활동으로 협동을 이루어내는 것은 생각만큼 쉽지 않습니다. 왜 교실 속에서의 협동이 가르치기 힘들까요? 그 이유 중 하나는 학교에서 제시하는 협동 활동이 대부분의 경우 산출물을 잘 만들기 위한 결과 중심의 협동이기 때문입니다. 산출물의 완성도를 위해 어떤 아이는 독재자가 되고, 어떤 아이는 자신의 자리를 찾지 못해 활동을 포기하기도 합니다. 또 다른 이유는 협동의 과정에서 모든 아이들이 활동하지 않아도 되는 경우가 많기 때문입니다. 그렇기에 여럿이 하는 활동 속에서 아이들은 '나 하나쯤이야' 하는 생각을 가지고, 활동에 소극적으로 참여하거나 방관자가 됩니다.

그렇다면 협동형 그림놀이는 무엇이 다를까요? 첫째, 그림놀이 속 협동은 아이들의 수행 과정 자체가 결과로, 성공으로 이어집니다. 잘 외우고 잘 그리고 잘 쓰는 것이 아니라, 놀이 속에서 우연한 결과로 얻어지는 성공을 지향하기 때문에 아이들이 부담 없이 자신의 능력을 발휘하며 친구들과 협동하게 됩니다.

둘째, 그림놀이는 모두가 참여하고 싶은, 참여해야 하는 놀이로 협동이 이루어집니다. 아이들은 '나 하나쯤이야'가 아닌 '나도 하고 싶은' 놀이 속에서 협동을 체험하게 됩니다. 자연스럽게 역할이 분배되고 놀이로 즐기는 과정에서 아이들은 협동하는 방법을 알게 될 것입니다.

물론 협동형 그림놀이에도 목표 지향적 요소가 있는 놀이도 있습니다. 그렇기에 교사의 역할이 중요합니다. 교사는 아이들이 목표지향적인 태도로 '잘 그린 그림'을 그리게끔 지도하기보다 함께 웃고 떠들며 수행지향적인 태도로 '함께 완성하는 그림'에 초점을 두게끔 지도해야 합니다.

협동형 그림놀이를 하며 아이들은 다음과 같은 역량도 함께 기를 수 있습니다. 먼저, 자신의 그림을 다른 친구들에게 설명하고 표현하는 과정에서 의사소통능력과 사회성을 기를 수 있습니다. 둘째, 경쟁적 요소가 들어간 협동형 그림놀이에서는 놀이를 분석하고, 놀이의 진행을 고민하며, 실행을 통해 전략적 사고력을 키울 수 있습니다. 셋째, 우연한 결과물은 아이들에게 새로운 발견, 신선한 즐거움을 줍니다. 놀이를 하면서 서로의 그림을 쳐다보며 깔깔깔 웃는 아이들의 모습을 만날 수 있습니다. 넷째, 패배가 없는 놀이는 아이들에게 성공의 경험이 되고, 이는 자신감 향상으로 이어집니다.

협동형 그림놀이를 통해 아이들에게 함께하는 즐거움을 알려주세요!

01

1/4 연결그림

#창의력 #의사소통 #이야기

🎖️ 전체   👤 모둠   📖 국어, 창·체   ⏱️ 10분   🎒 준비물 종이, 사인펜

놀이 설명 이어 그리기를 통해 의사소통능력, 창의력을 키울 수 있는 놀이

교과 연계 📖**국어**: 이야기 만들기
📖**창·체(자율활동)**: 친해지기

방법 규칙

1. 사인펜은 진한 색이 좋아요!
2. 4명보다 적거나 많아도 종이를 돌려가며
   그릴 수 있어요!

1 4명씩 모둠이 되고 각자 다른 색의
사인펜을 준비합니다.

종이를 안쪽으로 말듯이 접어
4등분하는 것이 좋아요.

2 모두 A4용지를 1장씩 받고, 4등분하
여 접습니다.

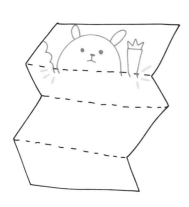

3 정해진 시간 동안 종이의 맨 위 칸에
그림을 그립니다. 이 때 접힌 부분을
살짝 넘게 선을 그어 흔적을 남겨 줍
니다.

사인펜은 넘기지 않아요.

4 그림을 그린 후 내가 그린 부분이 보
이지 않게 1칸을 접어 정해진 방향으
로 종이를 넘깁니다.

5 종이를 받은 친구들은 점을 이어 그림을 그리고 빈 칸이 없을 때까지 1칸씩 그려 넘깁니다. 마지막 칸을 채운 후 첫 칸을 채운 친구에게 종이를 돌려줍니다.

6 완성된 그림을 펼쳐 모둠원과 함께 살펴보고 토의를 통해 제목을 정합니다. (재미있는 부분이나 어떻게 그렸는지에 대해 이야기를 해도 좋습니다.)

 예시 5학년 활동 및 결과

**놀이
장점**

❶ 창의적으로 표현하는 놀이라 다툼이 생기지 않습니다.

❷ 제목을 토의하는 과정에서 사회성을 기를 수 있습니다.

**톡톡
활용법**

학년 초, 자리 바꾼 날 등에 활용하면 그림을 통해 소통하며 친해지는 시간을 가질 수 있습니다.

Tip

❶ 제한시간 내에 그림을 그리기 어려워하는 학생에게는 비, 무지개, 구름, 물결 등을 그릴 수 있게 도와줍니다.

❷ 놀이에 정답이 없다는 것을 알려주어야 합니다.

선생님 후기

우연과 우연이 이어져서 그려지는 완성작을 보며 학생들과 웃으며 즐거운 시간을 보낼 수 있었습니다. 나름의 설명을 붙이고 이야기를 만드는 과정도 즐거웠습니다.

너는 나의 거울

#관찰 #상상력 #표현

 저학년　 짝　 수학　 15분　　준비물 종이, 연필

놀이
설명

짝과 함께 일심동체가 되어 그리는 협동 놀이

교과
연계

📖 **수학**: 합동과 대칭

방법 규칙

진 사람=거울

TIP
거울 역할을 맡은 사람은
짝의 행동을 동시에 따라해야 합니다.

1 짝과 가위바위보 해서 진 사람이 거
울 역할을 합니다.

하트를 그리세요~

이긴 사람 진 사람(거울역할)

TIP
거울 역할은 거울에 비치듯
서로 대칭되도록 그립니다.

2 선생님의 제시어를 듣고 반으로 접은
종이에 두 사람이 동시에 그리기 시
작합니다.

TIP
역할을 바꾸어서도 해봅니다.

3 완성이 되면 그림을 머리 위로 들고
다른 친구들과 비교해봅니다.

짝의 얼굴 그리기   지구 최고 미남 그리기

가장 이상한 외계인(괴물) 그리기   대칭인 도형 그리기

TIP
독특한 주제를 주고
거울그림 콘테스트를 할 수도 있어요.

4 다양한 주제로 그리기를 해봅니다.

협동

협동

**놀이
장점**

❶ 거울인 친구는 짝을 관찰하며 동시에 그려야 합니다.

❷ 상대방의 움직임을 관찰하며 그려야 하기 때문에 배려심을 기를 수 있습니다.

**톡톡
활용법**

수학 대칭을 배울 때 활용이 가능합니다.

Tip

❶ 자리 바꾸기 활동 후 새로운 짝과 함께 할 수 있습니다.

❷ 오른손잡이의 경우 오른쪽에 앉은 친구는 친구의 그림이 잘 안 보일 수 있습니다. 그럴 때는 시간차를 두어 앞 친구가 먼저 그린 뒤 연달아 그려도 됩니다.

협동

선생님 후기

짝과 친밀도를 높일 수 있고 상상력을 더하면 재미있는 창작 활동까지 할 수 있어요.

03

그림 텔레파시

#경청 #설명 #배려

협동

👥 전체　　🧍 짝/단체　　📖 수학, 실과　　⏱️ 15분　　🎒 준비물 종이, 연필

**놀이
설명**　　두 사람이 동시에 같은 그림을 그리는 활동으로 한 사람은 설명하고 한 사람
은 듣고 따라 그리며 의사소통능력을 길러주는 놀이

**교과
연계**　　📘 **수학**: 여러 가지 도형
　　　　📗 **실과**: 소프트웨어−절차적 사고

방법 규칙

이긴 사람
: 그리면서 설명하기

진 사람
: 설명 들으면서
그리기

세모, 네모,
동그라미 2개씩!

선생님이 그림에 쓰일 도형의 종류와
개수를 정해서 안내해요. (칠판 사용)

1 두 사람씩 짝이 되어 가위바위보를
해서 이긴 사람은 그리면서 설명을,
진 사람은 듣고 그리기를 합니다.

2 짝끼리 등을 붙이고 앉거나 가림막을
놓아 서로 보이지 않도록 앉습니다.

큰 동그라미를
하나 그려.
그 안에 작은
동그라미를 그리는 거야.
미니언즈처럼
눈이 하나야.

친구의 입장에서 생각해보고
쉽게 설명을 해요.

1. 처음에 어려워하는 경우에는 연습 게임으로
   듣는 친구의 질문을 허용해줘요.

2. 질문을 받은 학생은 친구의 질문에 답하면서
   설명하는 노하우를 얻을 수 있어요.

3 설명하는 친구는 주어진 도형을 사용
하여 그림을 그리면서 크기나 위치
등을 알기 쉽게 설명해줍니다.

4 듣는 친구는 친구의 설명을 듣고 그림
을 그립니다.

협동

이 놀이는 배려와 협동을 잘해야
성공할 수 있어요. 잘 안 되더라도
여러 번 해보면 신기하게 비슷해져요.
잘하고 싶다고 싸우지 말아요.

제시하는 도형을 바꾸거나 시간 제한,
질문 금지 등으로 난이도 조절이 가능해요.

5 그림이 완성되면 서로의 그림을 확
인해보고 똑같이 완성되었는지 보면
서 이야기를 나눕니다.

6 이 게임의 최종 목표는 짝, 모둠 또는
반 전체가 모두 텔레파시가 통해서
같은 그림을 그리는 것입니다.

예시 **1학년 작품**

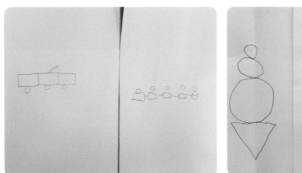

협동

**놀이
장점**

❶ 경쟁보다는 배려와 협동, 의사소통능력을 키워주기 위한 놀이입니다.

❷ 경청하는 자세를 길러줍니다.

**톡톡
활용법**

간단한 도형으로 활동해보고 익숙해지면 캐릭터나 명화 따라 그리기도
시도해볼 수 있습니다.

Tip

제시하는 도형 바꾸기, 시간제한, 질문 금지 등으로 난이도 조절이 가능
합니다.

선생님 후기

처음에는 잘하고 싶어서 설명을 잘하라고 구박하기도 하지만 놀이의 의
미(협동)를 계속 상기시켜주면서 상대방을 이해하고 다른 사람의 입장
에서 생각하도록 연습시켜주면 어느새 '척 하면 척'하는 경지에 이르는
모습을 볼 수 있습니다. 반 전체가 성공하는 경험이 있다면 하나 된 교
실을 만들 수 있겠죠?

내가 누구게?

#상상력 #직관 #표현

🏅 **중학년**　👤 **단체**　📖 **미술, 국어**　⏱ **15분**　🎒 **준비물** 종이, 색연필

놀이
설명　도형들을 보고 순간적으로 떠오르는 그림으로 표현해보는 놀이로 상상력과
표현력이 필요한 놀이

교과
연계　📕**미술**: 상상하여 표현하기
📙**국어**: 이야기 꾸미기

방법 규칙

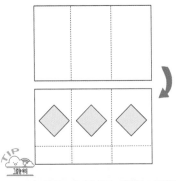

TIP
그림놀이터
1. 되도록 동그라미나 네모, 세모로 그리세요.
2. 4명씩 모둠이 되면 원활하게 진행돼요.

1 종이를 3등분한 후 밑에 약간의 공간을 남기고 도형 3개를 그립니다.

다 그리면 넘겨줘~

TIP
그림놀이터
그림을 그린 뒤 아래의 빈 공간에 그림의 이름을 써두면 그림을 더 쉽게 이해할 수 있어요.

2 옆 친구에게 종이를 넘깁니다. 넘겨받은 종이의 첫 도형에 그림을 그리고 세 칸이 다 채워질 때까지 다음 친구에게 종이를 넘깁니다.

물고기   주사위   배 자

옛날 옛적 산 속 맑은 호수에 주황 물고기가 살았는데...

TIP
그림놀이터
친구가 그려준 순서대로 이야기를 만들면 더 재미있는 이야기가 만들어집니다.

3 완성이 되면 맨 처음 학생에게 돌려주고 처음 학생은 그림을 보고 이야기를 창작합니다.

글쎄 그 물고기가......

어머나...!

TIP
그림놀이터
자유롭게 표현하되 이야기를 너무 자극적으로 만들지 않도록 주의해주세요.

4 모둠 안에서 창작된 이야기를 돌아가며 발표합니다.

예시 6학년 활동 및 작품

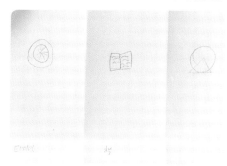

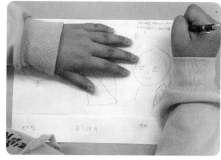

**놀이
장점**

❶ 그림을 그리며 재미있고 자유로운 분위기에서 창의력과 상상력을 기를 수 있습니다.

❷ 자신이 표현한 그림의 특징을 생각하여 발표하며 나의 아이디어를 말로 표현하는 의사소통능력을 기를 수 있습니다.

**톡톡
활용법**

일부 학생들과 함께 칠판에 시범을 보여주면 학생들이 더 쉽게 놀이를 이해하고 놀이에 대한 관심도가 높아집니다.

Tip

'우리 반 최고의 이야기꾼 뽑기' 등으로 놀이에 또 다른 의미를 부여하면 학생들이 보다 열심히 참여합니다.

선생님 후기

학생들이 그림을 그리며 직관력을 기르고 이야기를 만들며 상상력을 키울 수 있었습니다. 거기에 발표력까지 뚝뚝!

05

이야기꾼이 되어

#창의력 #의사소통 #이야기

협동

 전체   모둠   전과목   20분   준비물 종이, 연필

놀이
설명
그림 카드를 만들어 섞은 후 무작위로 뽑아 이야기를 만드는 놀이

교과
연계
국어: 이야기 꾸미기
전체교과: 단원 정리

교과와 관련된 소재를
그리게 할 수 있어요.

1 작은 종이 3~4장에 자유롭게 그림을
그립니다.

2 각자 그린 그림을 모아 섞은 후 뒤집
어 놓습니다.

3 그림을 무작위로 3장씩 나누어 가
진 후, 하나의 이야기로 만듭니다.

4 이야기꾼이 되어 다른 친구들에게 자
신의 이야기를 들려줍니다.

햇님을 보려고 포크를 가지고
피라미드에 올랐다!

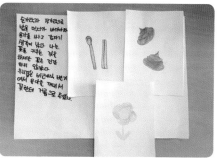

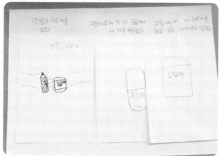

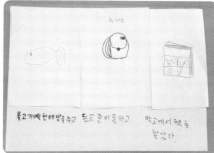

롤고기에 한테 밥을 주고 등교 준비를 하고 학교에서 책을 받았다

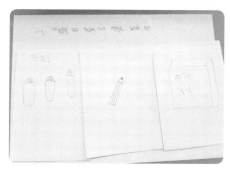

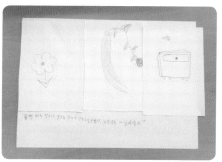

학교에서 국수를 먹고 집에와 꿀밤 먹고 누고 에반두로 돼 잘잔다

협동

**놀이
장점**

❶ 글쓰기에 부담을 느끼는 학생들도 쉽게 이야기를 만들 수 있습니다.

❷ 이야기를 만들고 공유하며 의사소통능력을 기를 수 있습니다.

**톡톡
활용법**

단원명을 주제로 정해놓고 그리게 한 뒤 이야기를 만들어 학습 정리에 활용할 수 있습니다.

Tip

❶ 그리기를 어려워하면 교과서를 보며 그릴 수 있습니다.

❷ 잔인하거나 폭력적인 이야기를 만들지 않도록 지도합니다.

선생님 후기

역사 단원의 마무리 시간에 활용하였는데, 학생들이 교과서를 찾아가며 그림 카드를 만들고, 나름의 서사를 만드는 과정에서 역사적 사고력도 기를 수 있었습니다.

06

기억을 모아서

#경쟁 #기억력 #차례차례

 전체　 모둠　 미술　 10분　　　🎒 준비물 종이, 연필

놀이
설명

모둠원끼리 순서를 정해 제시된 그림을 외워서 완성하는 놀이

교과
연계

📖 **미술:** 관찰하여 표현하기

방법 규칙

1 모둠 안에서 순서를 정합니다.

처음에는 단색, 도형 위주의
간단한 그림으로 해보세요.

2 선생님은 학생들이 볼 수 없게 정답
그림을 준비합니다.

3 모둠의 1번은 나와 정답 그림을 보고
외웁니다.

그림 그리는 자리는
뒤쪽에 배치해서 앞으로 나가
정답을 외울 때 볼 수 없게 해주세요.

4 1번은 자리로 돌아와서 기억나는 대로
그림을 그립니다.

앞에 나온 학생이
모둠의 그림을 보면서 정답 그림을
보지 않도록 주의해주세요.

5 2번은 1번이 그린 그림의 나머지 부분을 외워옵니다.

6 차례가 한 바퀴 돌면 완성하여 비교해봅니다.

7 가장 비슷하게 그린 모둠을 가려 등수를 정할 수 있습니다.

예시 5학년 작품

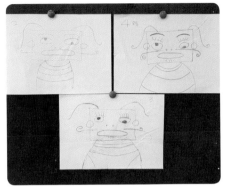

**놀이
장점**

❶ 그림을 외우고 그리며 관찰력, 묘사력, 기억력을 기를 수 있습니다.

❷ 놀이의 전략을 세우며 의사소통능력, 문제해결능력을 기를 수 있습니다.

**톡톡
활용법**

단순한 그림에서 시작해서 복잡한 그림을 제시하면 학생들의 의사소통능력, 관찰력, 묘사력을 더욱 키워줄 수 있습니다.

 Tip

❶ 학생이 앞에 나와 그림을 외울 때, 자기 모둠의 그림을 보지 않도록 해주세요.

❷ 놀이 과정에서 과한 경쟁, 서로에 대한 비난을 지양합니다.

선생님 후기

단순한 도형에서 시작해서 감정이 나타난 얼굴을 정답 그림으로 제시하였습니다. 학생들이 어느 때보다도 집중하고, 협동심을 발휘할 수 있는 시간이었습니다.

자르고 모으기

#창의력 #텔레파시 #가위

🏅 전체　👤 단체　📖 미술, 국어　⏱ 15분　🎒 준비물 종이, 색연필, 사인펜

놀이 설명
자신과 비슷한 생각을 한 친구를 찾아 그림을 모아보는 놀이

교과 연계
📱 **미술**: 상상하여 표현하기, 협동 작품 만들기
📖 **국어**: 토의, 다양한 관점

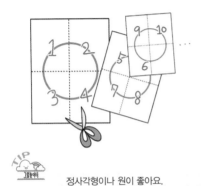

방법 규칙

TIP
정사각형이나 원이 좋아요.

1 종이 여러 장에 도형을 그린 뒤 전체
인원 수만큼 자릅니다.

TIP
나중에 그림을 합쳐야하니 친구들이
많이 그릴 것 같은 그림을 그리도록 안내해요.

2 서로의 그림을 보지 않고 상상해서
그림을 그리고 색칠도 합니다.

3 같은 그림을 그린 친구를 찾습니다.

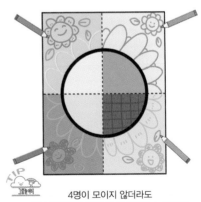

TIP
4명이 모이지 않더라도
여분의 종이를 더 주고 완성시킬 수 있어요.

4 같은 그림끼리 모여 그림을 완성하고
제목을 붙입니다.

5 작품을 게시하고 공유합니다.

 **예시** 5학년 작품

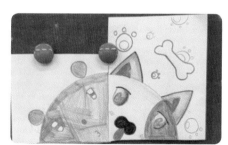

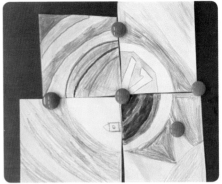

**놀이
장점**

❶ 다른 그림들을 보며 자신의 생각과 비교해볼 수 있습니다.

❷ 제목을 토의하는 과정에서 사회성을 기를 수 있습니다.

**톡톡
활용법**

마음이 통한 학생들끼리 팀으로 정해줄 수 있습니다.

❶ 4장이 모이지 않더라도 여분의 종이를 준비하면 종이를 더해 완성시
킬 수 있습니다.

❷ 서로 같은 그림이 아니라 다른 그림끼리 붙여 완성해볼 수도 있습니다.

선생님 후기

학생 수가 19명이어서 선생님도 1장을 그려 놀이에 참여하였습니다.
서로 텔레파시가 통했다며 꺄르르 즐거워하는 학생들과 즐거운 놀이 시
간을 보낼 수 있었습니다.

08

한마음 한뜻으로

#이심전심 #텔레파시 #표현

⚜ 전체 🧍 단체 📖 전과목 ⏱ 10분 🎒 준비물 종이, 연필

놀이
설명

제시어를 듣고 모둠원들과 함께 제시어와 관련된 그림을 최대한 많이 그리는
놀이

교과
연계

📻 **전체교과**: 단원 정리

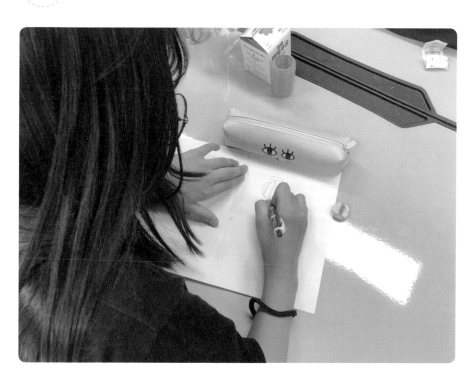

방법 규칙

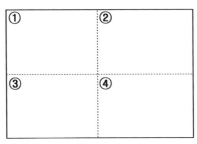

TIP 1초선생님
1. 번호는 놀이 순서예요.
2. 이름도 함께 쓰면 좋아요.

1 학생 1인당 종이 1장씩 갖습니다. 받은 그 종이는 4등분하고 각 칸마다 번호를 씁니다.

'여름'하면 떠오르는 과일!

TIP 1초선생님
1. 교과와 연계하여 제시어를 구성해요.
2. 고학년이면 추상어를 활용해도 좋아요.

2 선생님은 제시어를 하나 선정하여 외칩니다.

여름 하면 수박이지!

TIP 1초선생님
1. 제한 시간은 난이도, 수준을 따라 변경해요.
2. 자신이 그린 그림을 모둠원과 공유하지 않아요.

3 제시어를 들은 학생들은 5초 안에 제시어와 관련된 상징물을 빠르게 그립니다.

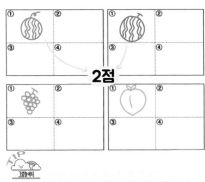

2점

TIP 1초선생님
1. 4개 같음=4점, 3개 같음=3점, 2개 같음=2점
2. 같은 그림이 하나도 없을 경우=0점

4 모둠원들과 비교하여 모둠 내에서 같은 그림이 나온 수만큼 점수를 부여합니다.

협동

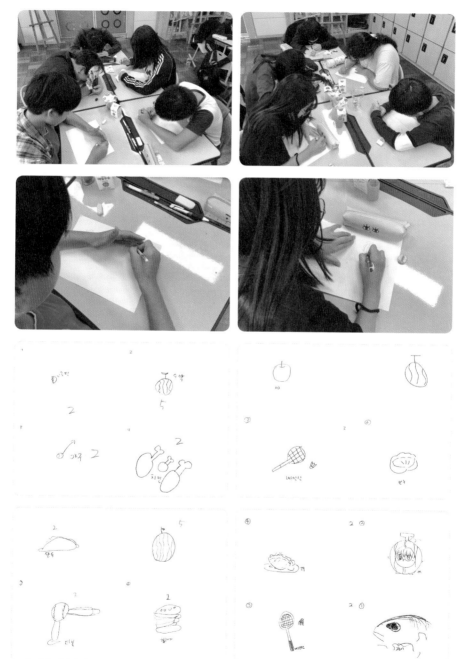

**놀이
장점**

❶ 간단한 그림놀이 과정에서 그림에 대한 긍정적 이미지를 갖게 해주고 학습내용을 상기시킬 수 있습니다.

❷ 모둠원들 사이에서의 공감대 형성과 놀이 과정 속에서 의사소통능력을 기를 수 있습니다.

**톡톡
활용법**

시간제한을 두면 학생들이 시간에 대한 압박으로 포기할 수도 있으니 적절한 상황에서만 활용합니다.

Tip

모둠원들끼리 서로 그린 그림을 공유하지 않게 가리면서 그리게 합니다.

선생님 후기

교과에서 학습했던 내용을 복습할 때 활용하는 것도 좋은 방법이었습니다. 간단한 학습 내용으로 이 놀이를 해보길 추천합니다.

09

나도 만화가

#창의력 #창작 #배려 #스피드 #만화

🎖️ **고학년**　👤 **단체**　📖 **전과목**　⏱️ **40분**　🎒 준비물 종이, 연필

놀이 설명　반 전체가 릴레이 형식으로 한 컷씩 그려서 학급 인원만큼의 만화작품 만들어내는 놀이

교과 연계

📕**미술**: 만화 표현하기
📗**전체교과**: 단원 정리
📙**국어**: 이어질 내용 상상해 쓰기

방법 규칙

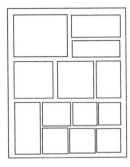

제목이 그려질 칸은 조금 크게,
학급 인원수가 많다면 양면으로 원고를 제작해요.

1 학생 1인당 학급 인원수만큼의 칸이
그려진 만화원고를 받습니다. (24명이
한 반이라면 24~25칸)

〈1〉 학교괴담 -김보미-
나는 매일 학교에 간다. 슬려..

〈2〉 조선 시간여행 -최희준-
어느날 나는 맨홀에 빠져서
조선시대로 가게 되었다.
으악! 때는…

말풍선 또는 서술형으로 한 문장을 적어
이야기를 시작해요. 주인공은 그리기 쉽게 특징만
나타내도록 해야 다른 친구들이 그릴 수 있어요.

2 5분 동안 학생들은 각자 그리고 싶은
만화의 제목과 작가이름이 들어있는
1컷, 스토리의 시작 1컷을 그립니다.

1. 죽이거나 막무가내 스토리로 쓰지 않아요.
2. 원 작가의 의도를 존중해요.
3. 캐릭터를 최대한 비슷하게 그려요.

3 5분의 시간이 지나면 다음 사람에게
원고를 넘겨줍니다. 원고를 넘겨받은
친구는 만화를 읽어보고 다음 1컷을
이어 그립니다.

재미를 위해서 그리는 경우 뒤로 갈수록
마감 시간을 짧게 줘요. (2분〉1분 30초〉1분)
학습 관련 만화라면 일정한 시간을 주는 것이 좋아요.

4 시간은 처음 콘셉트를 잡을 때를 제외
하고는 2분 정도의 시간만 주고 시간
이 되면 모두 동시에 다음 작가에게
원고를 넘깁니다.

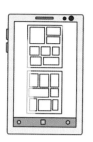 

5 모든 사람이 1컷씩 그려 완성된 원고는 다시 주인에게 돌려줍니다. 작품을 감상하고 친구들과 이야기를 나눕니다.

TIP
그림놀이터

게시판에 공유,
학급 홈페이지에 공유,
책으로 만들어서 갖기 등으로
결과물을 제공할 수 있어요.

협동

예시 6학년 작품

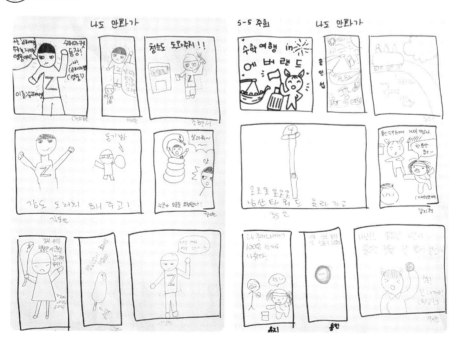

놀이
장점

❶ 웹툰 작가가 원고를 마감하듯 박진감 있는 진행으로 1시간이 흥미진진하게 흘러갑니다.

❷ 여러 학생의 개성을 느낄 수 있고 이야기를 만들어내는 창작활동을 경험할 수 있습니다.

톡톡
활용법

자유주제도 괜찮고 수업에 따라 주제를 정하고 인원을 모둠 수준으로 하여 컷을 축소한 뒤 공부한 내용을 정리해도 좋습니다.

Tip

막무가내 스토리 금지, 주인공 죽이지 않기, 선정적이거나 폭력적이지 않도록 전체 관람가 수준으로 제작하기 등을 강조해주세요. 반드시 당부해야 허무한 스토리로 실패하지 않습니다.

선생님 후기

모든 학생이 좋은 스토리와 훌륭한 그림실력을 선보일 수는 없습니다. 하지만 여러 사람의 머릿속에서 탄생한 이야기는 또 그것만의 매력이 있습니다. 조금 모자란 실력을 탓하기보다는 독특하고 잘한 점을 서로 칭찬할 수 있도록 이끌어주면 학생들에게 분명 해볼 만한 창작의 경험이 될 것 같습니다.

알록달록 다리 놓기

#알록달록 #컬러링 #전략

🎖 전체   👤 단체   📖 미술   ⏱ 20분   🎒 준비물 종이, 색연필

| 놀이
설명 | 모둠원들이 칠한 종이 양쪽 끝 색으로만 종이를 이어 가장 길게 만드는 놀이 |

| 교과
연계 | 🎴 미술: 다양한 색 |

방법 규칙

1. 가로, 세로 선을 번갈아 그리지 않도록 해요.
2. 모둠활동이므로 4인 이상으로 모둠을 구성해요.

색이 구별 될 수 있을 정도의 진하기로 색칠해요.

1 학생 1인당 종이 1장씩 갖고 받은 종이를 가로 또는 세로로 선을 3~6번 그립니다.

2 각 칸마다 다른 색으로 칠하되 칸마다 색이 구별될 수 있도록 채색합니다.

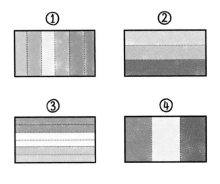

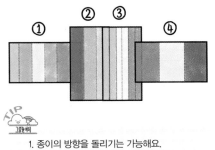

1. 종이의 방향을 돌리기는 가능해요.
2. 비슷한 톤의 색 겹치기는 인정해줘요.
3. 잇기가 불가능하다면 종이를 뺄 수 있어요.

3 모둠별로 누가 먼저 할 것인지 순서를 정하여 색칠한 종이를 나열합니다.

4 순서대로 색을 겹치되 채색한 부분끼리 완전히 포개어 겹칩니다. 길이에 따라 점수를 부여합니다.

협동

**놀이
장점**

❶ 색감에 대한 학생들의 이해도를 높일 수 있습니다.

❷ 모둠원들과 의사소통을 통하여 종이를 길게 만드는 전략을 세울 수 있습니다.

**톡톡
활용법**

시간제한을 두면 학생들이 시간에 대한 압박으로 포기할 수도 있으니 적절한 상황에서만 활용합니다.

Tip

모둠원들끼리 토의를 거쳐 채색을 하게 되면 몰입도와 재미가 반감되므로 채색을 완료할 때까지 서로 어떤 색으로 색칠하는지 모르게 합니다.

선생님 후기

종이를 어떻게 포개는지에 따라 길이가 달라지므로 모둠원들끼리 협동하여 전략을 세우는 과정을 통해 의사소통능력을 키울 수 있었습니다.

배움이 그림과
놀이로 다가갈 때,
아이들은
스스로 집중하며
창조성을 발휘합니다

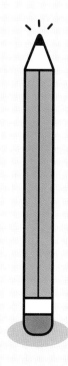

집필 후기

그림놀이를 만난 순간,
교실에는 웃음꽃이 피어날 거예요!
연필과 종이 한 장으로
활기찬 학급 운영을 시작해보세요.

— 충북 덕신초 서지영 선생님

복잡한 준비물? 필요 없어요!
그림 실력? 없어도 돼요!
그림으로 신나게 놀아봐요!

— 경기 창현초 김민준 선생님

과정은 간단하고!
결과물은 훌륭한!
그림놀이로 즐거운 학급경영 함께해요!!

— 대전 진잠초 강지현 선생님

아이들도! 선생님도!
모두가 즐거운 그림놀이!
우리 함께해요♡

— 서울 구일초 김누리 선생님

귀여운 그림으로 쉽게 즐길 수 있는
그림놀이! 참~ 쉽죠? 아이들의
웃음이 넘치는 교실 함께 만들어가요♥
—경남 곤양초 김보미 선생님

우리 모두는 그림 그리기를,
그리고 놀이를 좋아하도록 태어났습니다.
—경기 배곧초 김차명 선생님

모든 아이들이 행복하게
놀이하는 교실을 꿈꿉니다.
—서울 지향초 이인지 선생님

종이 한 장과 연필, 그리고
이 책 한 권이면 재미있는 수업과
학급운영을 한 방에 해결할 수 있어요.
이 책을 통해 놀이와 웃음이 가득한
교실 만드시길 바랍니다!
—경기 한내초 이진주 선생님

연필과 종이만 있으면 저학년도 고학년도
심지어 학부모님도 모두 즐길 수 있는 그림놀이!
그림놀이로 행복한 학교를 함께 만들어가요.
—제주 가마초 강동호 선생님

아이들과 그림놀이가 만나는 순간,
마법과 같은 일이 벌어질 거에요!
직접 확인해보세요!

一경북 지산초 김민경 선생님

아이들과 함께하는 즐거운 학교생활,
그림놀이로 실천해보세요!

一인천 승학초 나주희 선생님

지금까지 이런 그림놀이 책은 없었다.
이것은 참쌤스쿨 선생님들이
집필한 최고의 그림놀이 책!
그림놀이로 즐거운 교실을 만들어보세요!

一충남 운곡초 배준호 선생님

간단한 준비물로 함께하는
행복한 그림놀이!
학급 운영에 큰 보탬이 될 거예요!

一서울 송정초 백지민 선생님

아이들의 자존감을 높일 수 있는
그림놀이! 교실에서 행복한 시간
보내시도록 듬뿍 담았습니다.
— 경남 호암초 송가람 선생님

정말 어쩔 수 없이 준비 못 했을 때!
책을 펴세요. 선생님도 행복해집니다.
— 전북 흥왕초 양세종 선생님

간단한 준비물로 아이들의 흥미를!
표현이 어려운 아이들에게
자기표현의 기회를!
그림놀이, 교실에서 꼭 활용해보세요.
— 대구 죽곡초 양지윤 선생님

창체시간에 무엇을 할지
고민하신다고요?
그림으로 신나게 놀아보는 시간!
그림놀이는 어떤가요?
— 경남 거제상동초 윤은미 선생님

1학년도 쉽게 따라 할 수 있는
그림놀이도 많이 있어요.
수준에 상관없이 활용도 최고!

─ 경남 무학초 이은경 선생님

그림놀이와 함께라면 공부 시간,
자투리 시간에 아이들의 즐거움이
+1 올라갑니다 :)

─ 서울 풍성초 장예진 선생님

놀이 준비 부담감은 반으로!
즐거움은 2배로!
아이들과 교실에서
즐거운 시간 보내세요!^^

─ 전남 여천초 최지현 선생님

그림놀이와 함께하는 그 순간,
우리는 모두 아이가 됩니다!
그림놀이로 함께 놀아요~

─ 서울 숭인초 최희준 선생님